三聯學術

钱穆作品系列

# 宋代理学三书随劄

◎钱穆 著

生活·讀書·新知 三联书店

**图书在版编目（CIP）数据**

宋代理学三书随劄／钱穆著．—3 版．—北京：生活 · 读书 · 新知三联书店，2016.7
（钱穆作品系列）
ISBN 978－7－108－05679－5

Ⅰ．①宋…　Ⅱ．①钱…　Ⅲ．①理学－研究－中国－宋代
Ⅳ．① B244.05

中国版本图书馆 CIP 数据核字（2016）第 064093 号

责任编辑　冯金红
装帧设计　蔡立国
责任校对　张　睿
责任印制　崔华君
出版发行　生活·讀書·新知 三联书店
（北京市东城区美术馆东街 22 号 100010）
网　　址　www.sdxjpc.com
经　　销　新华书店
印　　刷　河北鹏润印刷有限公司
版　　次　2002 年 8 月北京第 1 版
2006 年 8 月北京第 2 版
2016 年 7 月北京第 3 版
2016 年 7 月北京第 5 次印刷
开　　本　880 毫米 × 1092 毫米　1/32　印张 8.375
字　　数　145 千字
印　　数　30,001－35,000 册
定　　价　32.00 元
（印装查询：01064002715；邮购查询：01084010542）

# 目　录

# 序

余自八十岁后，双目模糊，已不能再读书，但亦不忘时有所撰述。一九八一年之秋，迄于八二年之夏，为文化大学史学研究所诸生开讲周濂溪《易通书》及朱子吕东莱所合编之《近思录》。随讲随作劄记。又元代刘因所编《朱子四书集义精要》一书，字体大，略能诵读，亦写为劄记。合编为《理学三书随劄》。于余旧撰宋明理学概述，及所收入《中国学术思想史论丛》中自宋以下有关理学诸篇，以及《朱子新学案》一书，或有重复义，或有新出义，读者合而观之，亦可见余对理学见解之一斑。

余又同时有《论文化传统中之士》上下两篇，亦附编于本书之后。窃谓自战国以来，中国社会特有士，乃中国传统文化一大特征。两汉以来之儒林，宋明以下之道学，皆士也。即道释两家中亦多士。明于其所以为士，乃知其所以为学矣。亦合而观之，乃庶知中国学术之大统。再以会合之于中国历代之史实，则知凡学之成体，亦必兼有其用矣。其所为学之是非得失，高下大小，则必凭史实而衡定之。又略论朱子学之主要精神一文，为余应美国在夏威夷召开世界朱子哲学会议之邀，未克出席而作。时为一九八二年七月。又《中国文化演进之三大阶程及其未来之演进》一文，为余应香港中文大学二十周年纪念学术讲演之邀而作。时为一九八三年四月。此两文亦并附于后。是为序。

一九八三年夏钱穆识于台北士林之外
双溪时为八十九年之诞辰

# 《朱子四书集义精要》随劄

朱子成《论语孟子集注》,《大学中庸章句》，为其毕生瘁精尽力之作。而务求简明，下语不多。在其文集语类四书或问诸书中，逐章逐句，讨论发明，为集注章句所未及者，实繁有之。后人荟萃为《朱子四书集义》。元初刘因静修加以删节，为《朱子四书集义精要》。其书后世少流传。故宫博物院就元刊本重为印行。余自八十岁后，两目模糊，不能读书。惟此书字大逾恒，勉得诵览。又可遇倦即止，不须通篇读下。余八十七岁生辰之前，天暑蒸溽，偶取此书，晨夕伏案，藉资消遣。随有劄录，管窥蠡测，聊以成编。工毕于八一年八月之四日，在余八十七生辰后二十五日。先后亦几两月之久矣。耄老荒昧，仍复惜而存之，读者幸加鉴谅。

# 《大学》

（一）

朱子曰："外有以极其规模之大，而内有以尽其节目之详。故为学要先识其外面规模如此之大，而内用工夫以实之。"今按：程朱表章四书，其义在此。如《大学》一篇，明明德亲民以止于至善，此即其规模之大也。然尽在外面。至于舍此而仅求独善其身，则本末内外先后大小之辨，便已失之。近人疑程朱理学偏重内，可于此知其非矣。朱子又曰："吾儒必读书，逐一就事物上穷理。异端之学，一切扫去，空空寂寂，然乃谓事已了。若将些子事付之，便都没奈何。"则谓程朱内究心性，看轻外面事物实用处，必误无疑。若以当前中西学术相比，则可谓西学重外，中学重内。中学内究心性，而西学不之及。此又所从言之各异，当加明辨。

（二）

朱子曰："虚灵不昧便是心，此理具足于中，无少欠阙，便是性。禅家则但以虚灵不昧者为性，而无具众理以下之事。"今按：中国传统文化可称为人本文化，以其一切以人为本。人间众事，是非得失，不衡量以人心，则何由而判。故曰，虚灵不昧，此理具足。万物各有理，岂能具足于人心。西方科学家各就物处求理，尽可与人无关。如生物学研究一切生物之理，钻寻无微不至，然与人生之理，则有相距甚远、渺不相关者。人生当何去何从，生物学家转置一旁，不加理会。亦可谓有得于物性，却无得于人性，此与禅家有何不同。

朱子曰："人只一心为本，存得此心，于事物方知有脉络贯通处。"今按：人生以己之一心为本，此语无可怀疑。人心与外面事物之脉络相通处，中国人即谓之理。若略去人心，必从客观来外求物理，则原子弹可以多杀人，亦是物理。但人理中决不许其如此。今日西方文明多从物理来，但不求人理。原子弹发明，特其后起之一项而已。其他机械，有害人理者，多可类推。兹不详论。

（三）

朱子曰："悚然一念，自觉其非，便是明之之端。"今按：可见《大学》言明明德，乃指明人道，非是明物理。

又曰："明德统言在己之德，本无瑕垢。至善指言理之极致，随事而在。"又曰："善字轻，至字重。"今按：科学发明亦可谓是人之明德，亦未尝不有善。但不得谓其皆是至善。今日之资本主义帝国主义皆赖科学发明，其事岂尽属至善乎？中国人非反科学，但科学亦须止于至善始得耳。

（四）

朱子曰："静是就心上言，安是就身上言。静安颇相似，安盖深于静也。"今按：是心静了，还求能身安，则身之安更进于心之静。何得谓宋儒重言心，轻言身。理学家语语必归落到实际人生上，亦岂空作哲理高论，便算能事已尽。

又曰："公但能守得块然黑底虚静，不曾守得那白底虚静，须将那黑底打成个白底，使其中东西南北玲珑透彻，虚明显敞，如此方是虚静。若但守得黑底虚静何用。"今按：朱子此处分别黑的虚静与白的虚静，可谓发人所未发，言人所未言。道家好言虚静，庄子书中并屡引颜渊为说。周濂溪言，志伊尹之所志，学颜子之所学。颜子之学，先有外面一套规模。庄老道家亦不得谓其非有外面一套规模，则其言虚静亦应是白底非黑底。孔门四子言志，孔子有吾与点也之叹。亦因三子志于外，而曾点则有一番虚静之意。但曾点心中决不能如颜子般白。宋明儒中亦多重视与点一叹者，不先存黑白之辨，则终有病。西方人绝少言虚静，此亦中西文化一相异。

又曰："定静安，是未有事时胸次洒然。虑是正与事接处对同勘合也。"今按：西方人只注意与事接处，事后乃觅一段休闲娱乐时间。然仍与事接，特转换一对象耳。不似中国人要一胸次洒然时。

又曰："定静安虑得五字，是功效次第，不是工夫节目。定静安三字须分节次，其实知止后皆容易进。能虑能得最是难进处。多是至安处住了。能虑去能得地位虽甚近，然只是难进。挽弓到临满时，分外难开。"今按：近人好言进步，实是要先知止，始能进。否则今日进了，若见为昨日之未进，即是退。明日进了，又见为今日之未进，仍是退。岂不永求未来之进步即见为以往之退步，进退漫无标准而永无止境乎。又功效与工夫不同。朱子又说："工夫全在知止，能字盖滔滔而去，自然如此者。"又说："知止只是先知得事理如此。"今按：此处却是中国文化传统义利一大辨所在。所谓事理，乃指其事该如此。所谓得，乃指此事达到该如此地位，亦即所谓义。非是其事要达到我所欲的地位，此则为利。为父当知止于慈，为子当知止于孝。知一止处，自能定，能静，能安，能虑，而后能得。所得仍是此慈孝止处。而对如何慈如何孝的功效次第，则逐步有进了。此与近代西方科学进步的观念大不同。

（五）

朱子曰："譬如百寻之木，根本枝叶，生意无不在焉。但知所先后则近道耳。岂曰专用其本而直弃其末哉。"今按：今日号称为知识爆破时代。朱子则曰：

"天下无一物非吾度内者，亦无一事非吾之所当为。"则知识爆破，亦非一害。但恨无人知其本末，审所先后，人各专家，惟我为是，则大病丛生矣。中国人言体统，能成体，斯有统。随时随地，各为所利，寻求知识，斯已失其大本，无体统可言，此则其病也。

又曰："瑟僴赫喧，若有主于中，而不能发于外，不是至善。务饰于外，而无主于中，亦不是至善。"程明道言："与其非外而是内，不若内外之两忘。"今按：道家每多重内轻外。墨家兼爱，则饰于外，无主于中。明道之内外两忘，非主无内外，乃主不偏执一端以相争。如西方人，则专务外而忘内。

（六）

朱子曰："理不是在面前别为一物，即在吾心。人须是体察得此物诚实在我，方可。譬如修养家所谓铅汞龙虎，皆是我身内之物，非在外也。"今按：此说非忘内外，乃是合内外。心与理一即如此。然亦非谓心即理。

问："物之无情者，亦有理否？"朱子曰："如舟只可行之水，车只可行之于陆。天不曾生个笔，人把兔毫来做笔。才有笔，便有理。"今按：此处说有理不必兼有情，舟车与笔皆人做出。许多理不尽自天生，尽有由人做出。西方科学发明了许多物，即是发明了许多理。今人争，有了飞机才始有飞机之理。抑是先有了飞机之理，始有飞机。如朱子此条，是主有了飞机，始有飞机之理的。但须因于其他理，才发明出飞机之理来。不能违逆了其他理，来发明出飞机之理。则仍是理在先，物在后。天在先，人在后。近代科学家乃欲凭发明来反抗自然，征服自然，此恐与朱子此条义不同。而亦引生出种种意外，如水污染、空气污染之类。此亦自然之表示反抗也。但究竟将来自然征服了人生，抑又人生征服了自然，则有待科学家之继续发明。

又说："表便是那外面，里便是就自家身上至亲至切，至隐至密，贴骨贴肉处。"今按：此条亦可来说科学发明。如创制出一飞机许多理，他人都知。但有些处，是发明家内心独运，他人知不到。中国古圣先贤发明许多人文至善处，亦如此。如父慈子孝，举世人心莫不皆然。又说："颜渊说夫子博我以文，约我以礼。博我以文，是要四面八方都见得周匝无遗，是之谓表。至于约我以礼，又要逼向身己上来，无一毫之不尽，是之谓里。"今按：孟子曰："人皆可以为尧舜。"此乃大体言人类平等，彼可为我亦可为之意。但人类终有大慈至孝，非人所及者。科学只待专家去做，但亦有能与不能。朱子又说："粗是那大纲，精是那里面曲折处。"其实科学亦只是外面大纲粗处，故可逐步推进。则科学亦等如博我以文。至要是在里面曲折处。须待人人时时地地去推极到至善处，乃是约我以礼。却无法说进步。如周公之孝，岂能说比舜之孝进步了。闵子骞之孝，又岂能说比周公又进步了。止于至善，是在精处，却不宜言进步。今人谓古人已过时，不及今人，是只知博文，未知约礼。但未细读《论语》，则于博文处仍为有憾。

（七）

朱子曰："心不可有一物，外面酬酢万变，都只是随其分限应去，都不关自家心事。才系于物，心便为其所动。其所以系于物者有三，或是事未来，自家先有个期待底心。或事已应过去了，又却长留在胸中，不能忘。或正应事之时，意有偏重，便只见那边重。都是为物所系缚。到别事来到面前，应之便差了。圣人之心，莹然虚明，无纤毫形迹，一看事物之来，若小若大，四方八面，莫不随事顺应。此心元不曾有个事。"今按：此条论忿懥好乐忧患恐惧诸情绪诸事，均不可留于心中。心空无物，才能应物得当。又说："孔子畏匡，文王囚羑里，死生在前，圣人元不动心，处之怡然。"今按：孔子言三十而立，四十而不惑。孟子言四十不动心。此心仍须学来。

朱子又说："有心于好名，遇着近名底事，便愈好之。有心于为利，遇着近利底事，便贪欲。"今按：这便要看此心之志。故曰志于学，曰志于道。若只要心中无一事无一物，又差了。朱子又说："此等处须是存养体验，自做得些工夫，当自见之。难以浅识悬断。”今按：中国学问，主要便在自做工夫上，却不宜专在文字上去求。西方科学家脱离不了一间实验室，中国人文之学则以人间世为其实验室，主要实验者，即是吾此心。

又说：“圣人之心周流应变而不穷，只为在内，而外物入不得。及其出而应事接物，又不陷于彼。”今按：孔子曰：“贫而乐，富而好礼。”贫富只是外面事变，只在物一边。遇贫当求心能乐，遇富当求心能好礼，所求都在自己心上。若贫必求富，则求在外面物上，不在自己心上，自己又如何作得主。却先把己心丢了。

又说：“忿懥之类，在心上理会。如亲爱之类，又在事上理会。心上理会者是见于念虑之偏，事上理会者是见于事为之失。”今按：西方人多用心在事上理会，却忽于心上理会。念虑偏了，事为自多失。故西方人亦多忿懥。不于心上理会，故少亲爱。中国人则多知忿懥在心上有差了，但更知亲爱在事上亦有差，此处更当学。

朱子曰：“彼之不可教，即我之不能教。可与能，彼此之辞也。”今按：人孰不亲爱其子女，但为父母者不能教，非子女之不可教。人又孰不亲爱其国，但非在下者之不可治，乃为之上者之不能治。明于此，彼此之间则无不可亲之家，无不可爱之国矣。今日国人不亲家，不爱国，而徒生忿懥，是皆不明于彼此之辨耳。孟子只说人皆可以为尧舜，但未说人皆能为尧舜，此亦彼此之辞。

朱子又曰："能使人兴起者，圣人之心也。能遂其人之兴起者，圣人之政事也。"今按：此惟中国人有此观念。近代西方民主政治，只论下一项，再不及上一项。朱子又曰："只我能然，而人不能然，则不平矣。"今按：西方人则只在法律前求平等，不在人与人间求平等，此又是双方文化大相差异处。

（八）

朱子曰："吾儒唤醒此心，欲其照管许多道理。佛氏则空唤醒在此，无所作为。"今按：西方人尽忙在有所作为上。无所作为时，则不见有此心。

又曰："圣贤说，行笃敬，执事敬。则敬字本不为默然无事时设。"今按：西方人终日忙于事，何以不言敬。此因中国人言行事，皆指在人群中与人相处，对方有人，故须言敬。如孝弟忠信，修齐治平，对方皆有人。西方人如经商，乃为牟利，非为对方。小心细心谨慎即可，不须有敬。如为政，能保持权位即可，亦不须言敬。如治学，如科学，对方尽是物，亦不须有敬。如哲学，乃从客观求真理，超一切人事上，亦不须言敬。只进教堂礼拜，对耶稣上帝须有敬，但亦对神，非对人。程子言："写字时一心在写字上，非为要字好，只此是敬。”此乃为养此心之敬，非对字之有敬。若在西方，写字时一心在写字上，不为要字好，便要写得快，勿写差，说不上敬之一字。

问：“理在气中发现处如何？”朱子曰：“如阴阳五行错综不失条绪，便是理。若气不结聚时，理亦无所附着。”今按：普通只言理寓气中，此条言气不结聚，理亦无所附着，此义似少注意。万物亦从气之结聚生。气不结聚，物也无法生，哪来有理。心属气，心不结聚，理亦无所附着了。敬只是心气结聚，故能见理。心不结聚，理于何见。家人相处，亦须其心结聚，乃见有家有理。家人心不相结聚，家亦不见，理于何存。朱子此条义，大值发挥。西方社会群奉个人主义，人心不结聚，惟赖法律为之维持。一集团即有一集团之法律，一厂家亦有一厂家之法律，甚至一个家庭一对夫妇亦然。倘无法律，人生便分散成个人的。中国人生则重礼不重法。此又是中西文化一大异。

朱子曰：“天地之间，有理有气。理也者，形而上之道也，生物之本也。气也者，形而下之器也，生物之具也。是以人物之生，必禀此理，然后有性必禀此气，然后有形。其性其形，虽不外乎一身，然其道器之间，分际甚明，不可乱也。若刘康公所谓天地之中所谓命者，理也，非气也。所谓人受以生，所谓动作威仪之则者性也，非形也。礼运之言，其曰天地之德者，理也。其曰阴阳之交，鬼神之会者，气也。诗曰，天生蒸民，有物有则。周子曰，无极之真，二五之精，妙合而凝。所谓真者，理也。所谓精者，气也。所谓则者，性也。所谓物者，形也。上下千有余年之间，言者非一人，记者非一笔，而其说之同如合符契，非能牵联配合，而强使之齐也。此义理之原，学者不可不察。”今按：此为朱子答黄道夫书。谓其所持气与理之说，千有余年来，言者非一，如合符契。余近曾草为《质的世界与能的世界》一文，大体本朱子义，谓西方人重气重形重器重生之具，而不言理与道与性，故西方重视质世界，轻视能世界。重视具体，而不知抽象。亦可谓西方社会气不结聚。故中国人所言各项道理，在西方社会中亦无可附着。此乃双方思想体统上一大不同。不得谓凡属西方尽是进步，而中国则滞留不前。惟所言多不直引朱子语，读者试加参考。

问：“先有理后有气之说。”朱子曰：“不消如此说。气则能凝结造作，理却无情意，无计度，无造作。只此气凝聚处，理便在其中。且如天地间，人物草木禽兽，其生也莫不有种，定不能无种，而白地生出一物，此皆气也。”今按：如此条，朱子并不坚持理先气后之说。前引余之《质的世界与能的世界》一文，辨质能，就近代西方发明电子，乃由质转能，明此世界一切万物皆由能来，不由质来，或更贴近。电子亦分阴阳，则理已在其中矣。此等处，或更可证成朱子此条所说。至朱子天地生物莫不有种之说，则西方生物学发明已有一规模，然亦正足证成万物之生各有其理，不能白地生出也。中国古人旧观念，当改从近代西方科学新发明另加阐申者，此则后人之责。不当专凭西方新发明来驳斥中国前人，则所失益远矣。

（九）

朱子曰：“仁体刚而用柔，义体柔而用刚。盖仁有流动发越之意，而其用则慈柔。义有商量从宜之义，而其用则决裂也。”今按：仁义刚柔之辨，古已有之。朱子此条极允惬。《小戴礼》言，东方之人仁，西方之人义。今日中西文化正可以此说之。惟中国人重仁，又重刚，故闻朱子说而喜。西方人重义，亦重刚，则闻扬子云仁柔义刚之说而喜矣。但不了解仁的境界，便觉义即是刚。进而了解到仁的境界，则知义仍还是柔了。故持论者，不贵有先入之见，此则学者所宜注意也。

问：“妙众理而宰万物。”朱子曰：“道理固本有，用知方发得出来。若无知，道理何从而见。所以谓之妙众理，犹言能运用众理也。运用字有病，故下妙字。宰，宰制也。无所知觉，则不足以宰制万物。”今按：此条有两要义，一言理，须知方出。言运用理，有语病。如马克思在伦敦创为唯物史观阶级斗争的理论，不得谓其全无理。抑且彼乃根据当时英国之工厂及劳工制度，而发此理论。果使当时英国人能知觉，能接受，把其当时之工厂劳工制度能加改进，则资本主义不致继长增高。当时英国人所以对马氏理论无知觉，不接受，则实有一甚深道理。因西方人一切重运用，其寻求发现真理，亦为要运用真理。不知真理发现，惟当依循服从，此即中国一顺字。若求运用真理，便有私意存其间，已失却了真理之真。如中国人讲孝弟忠信，此乃人生真理，惟当顺而循之。若求加以运用，便非孝弟忠信之真了。孟子义利之辨即在此。但当时英国人若因马克思言来改革其工厂劳工法则，便会失却了资本主义之运用，于是遂对马氏所言一若毫无所知，毫不接受。自第一次世界大战后，帝国主义之为病于世界已暴露。若能因此改进，则第二次世界大战可不再起。但于帝国主义有何运用可言。于是祸因终不能革，转益加深。可见对真理不该存运用意，然后其理始见大用。朱子此条言运用字有语病，语气若甚平浅，而涵义之深，实属大可发挥。至如中国提出此理字，在西方人意识中，乃可若毫无知觉。此诚今日研讨人类文化问题者一大值注意之事件也。

朱子曰："昔杨龟山问一学者曰，当见孺子入井时，其心怵惕恻隐，何故如此。学者曰，自然如此。龟山曰，安得只说自然了便休。须其知其所自来，则仁不远矣。此语极好。”今按：此条辨自然与所以然。自然指气，所以然则指理。朱子理先于气之说，即由此等处来。道家崇尚自然，却不好追问其所以然。故道家言天，只言其自然。而儒家言天，则必追问其所以然。老子太过崇尚自然了，凡属人文演进，老子意多鄙弃。不知人文演进亦从自然来。如老子言：“六亲不和有孝慈，国家昏乱有忠臣。”不知原始人类本无所谓六亲之和，亦未有国之建设，六亲与国，已不是自然，早是演进之人文了。实乃是先有了孝慈，乃始有六亲之和。有了忠臣，乃始有国之建立。老子说得颠倒了。今试问人类何以有六亲之和，何以有国之建立，此在自然之中还有一所以然。孔孟高出庄老处，即能在自然之中又追问一所以然，却非不顾自然来空言一道理。惟孔孟所言道理主要是人本位的。西方人则忽视了人本位，只从非人文的自然中来寻求所以然，则又与人文不相干。耶稣从自然中寻出一上帝来，与西方希腊罗马传统不同，但亦与中国儒道观均异。今国人欲崇尚西化，却该从孔孟庄老所言指出其不是处，不该只根据西方人看法来加驳斥。

（十）

朱子曰：“人知鸟喙不可食，断然终不食。是真知之也。知不善，而犹或为之，是特未能真知也。所以未能真知者，缘于道理上只就外面理会，里面却未理会得十分莹净，所以有此一点墨。这不是外面理会不得，只是里面骨子有些见未破。故大学之教，使人即事即物，就外面看教周匝，又须里面理会体验，教十分精切也。”今按：阳明言，知而不行，只是未知，朱子已先言之。但如何去求真知，朱子分外里两面言。阳明太偏从里面了，斯失之。又若撇弃人事，专从外面去求事物之理，则其理易见。若从内面心性外面事物和合求之，则其理难见。故理会这事，须兼人文自然联合理会，使得莹净。苟若弃置外面于不顾，则里面亦不得莹净矣。

又曰：“见道理分晓，便处事不错。此与偶合者，天渊不同。如私欲气禀之累，若这边分明了，那边自然容着他不得。盖观理分明，便胜得他。”今按：此言事物理会得真知，则私欲气禀不为害。与言先求私欲气禀不为害，则事物之理自会知得，两义大不同。切须明辨。

又曰：“大学之道，必以格物致知为先。而于天下之理，天下之书，无不博学审问慎思明辨，以求造其义理之极。然后因吾日用之间，常行之道，省察践履，笃志力行，而所谓孝弟之至通乎神明，忠恕之道一以贯之，乃可言耳。盖其所谓孝弟忠恕，虽只是一事，然须见得天下义理表里通透，则此孝弟忠恕方是活物。如其不然，便只是死底孝弟忠恕，虽持守终身，不致失坠，亦不免为乡曲之常人，妇女之检押而已。何足道战。”今按：此为朱子《答曾无疑书》。《论语》言：“弟子入则孝，出则弟，谨而信，泛爱众而亲仁。行有余力，则以学文。”此为小学之教言。朱子此书，则言大学之道。陆王之徒，似有误以小学为大学之嫌。然而不以小学建基，狂言空论大学之道，则亦非朱子所许。

又曰：“理之所存，既非一物所能专，所格亦非一端而尽。”今按：近人或以西方科学来比拟朱子格物，读此条自见有差意。西方科学分门别类，由各家分任。朱子格物须一人会通。此其异。

又曰：“讲论文字，应接事物，各各体验，渐渐推广，自然宽阔。”今按：中国传统乃主人本位，故事物重在日常所应接者。而古人著作亦须讨论，故读书亦格物中之一项。此等皆须从自己文化传统着眼。

又曰：“今日格一物，明日格一物，积习既多，自当脱然有贯通处。乃是零零碎碎凑合将来，不知不觉，自然醒悟。”今按：此条言零零碎碎凑合，却非无体统。其体统所在，即人本位是也。亦可谓之心本位己本位。故曰醒悟，亦即其一己内心之醒悟。西方知识求之外。中国人之人本位心本位己本位，又与西方个人主义大不同。此层须细参。前既说当察物理，不可专在性情上。至此又言，莫若得之于身为尤切。皆是互相发处。后人误解朱子，皆为其不知内外双方之须互相发来。

## 《论语》

### （一）学而篇

*其为人也孝弟章。*

朱子曰："人禀五行之秀以生，故其为心也，未发则具仁义礼智信之性以为之体。已发则有恻隐羞恶恭敬是非诚实之情以为之用。"今按：朱子言心之全体大用，又言心兼性情，若依西方哲学应有详细证成。而中国学人于此等处，不详加讨论。实则格物致知，只在明得此心之全体大用而已。故在中国学问之方法上，颇近西方之科学。而其所欲证成者，则近西方之哲学。然果轻为比拟，则必两失之。

朱子又曰："程子以孝弟为行仁之本，而又曰论性则以仁为孝弟之本，何也。曰：仁之为性，爱之理也。其见于用，则事亲从兄，仁民爱物，皆其为之之事也。但事亲而孝，从兄而弟，乃爱之先见而尤切。君子以此为务而力行之，至于行成而德立，则自亲亲而仁民，自仁民而爱物，其爱有等差，其施有渐次，而为仁之道，生生而不穷矣。此孝弟所以为行仁之本也。曰：然则所谓性中但有仁义礼智而无孝弟者，又何耶。曰：此亦以为自性而言，则始有四者之名，而未有孝弟之目耳。非谓孝弟之理不本于性，而生于外也。曰：然则君子之务孝弟，特以为为仁之地也耶。曰：不然。仁者，天之所以与我，而不可不为之理也。孝弟者，天之所以命我，而不能不然之事也。但人为物诱，而忘其所受乎天者，故于其不能不然者，或忽焉而不之务，则于其所不可不为者，亦无所本而不能以自行矣。故有子以孝弟为为仁之本，盖以为是皆吾心之所固有，吾事之所必然，但其理有本末之殊，而为之有先后之序，必此本先立，而后其末乃有自而生耳。非谓本欲为彼而姑先借此以为之地也。”今按：此条备见程朱与孔孟异同处。其实孟子已与孔子不同。《论语》少言性，故曰夫子之言性与天道不可得而闻也。至孟子乃特倡性善之论，以恻隐羞恶辞让是非之心人皆有之，说此即仁义礼智之四端。程氏之说本之此。而朱子又婉曲阐发以求合于《论语》。朱子说，孝弟亦吾心之所固有，则乌得不谓之性。而其与仁义礼智别者，朱子乃分理与事说之。又谓是名与目之分。名者，可以兼包众目，如仁可包亲亲仁民爱物诸目，又可包义理智诸目。而孝弟则具体一事，但事必有理，故曰非谓孝弟之理不本于性。今人皆言孔孟程朱，但当知孔孟自有相异，程朱亦有相异，须能分，又能合，乃为得之。

又说：“孔门只说为仁，谢氏乃言知仁。其说一转而为张子韶，再转而为陆子静。”今按：朱子释《大学》格物致知，所谓知，非不近于谢上蔡之言知仁。但格物则又偏近为仁之义，是一种行为。中国古人主从人生日常事为中躬行实践以求知，非西方之哲学，亦非西方之科学。若单从心上求知，则近西方哲学。陆王较与西方哲学相近。而朱子格物，则近人颇以西方科学说之。不求之本，而以末相比附，宜失之矣。中国学术传统，非哲学，非科学，而与此二者皆得相通。须细参。

## （二）为政篇

温故而知新章。

问：温故而知新可以为师之说。朱子曰："若徒温故而不能知新，则闻见虽富，诵说虽勤，而口耳文字之外，略无毫发意见。譬若无源之水，其出有穷，亦将何以待学者无已之求哉。"今按：学问以求知，知贵有源，其源则在心。而所知则贵贯通新旧。亦据是可知矣。

又曰："程子晚而自言，吾年二十时，解释经义与今无异。然其意味，则今之视昔为不同矣。"今按：徒尚训诂，解释经义，则仅在文字间。意味则生于己之心，可见述而不作，其间亦有大进步处，学者宜自体会。又按孔门之教，博文约礼，博文即温故，约礼则知新。孔子所谓殷因于夏礼，所损益可知。周因于殷礼，所损益可知。其或继周者，虽百世可知也。其知于未来之新者，则本于其知于过去之旧。故中国文化，乃有传统可言。西方之学，重知新，不重温故。

故亚里士多德言“我爱吾师，我尤爱真理”。西方无师道，故虽一世之间，亦不可知。然西方人虽不重传统，而仍自有其传统。故治中国学问，亦可知西方。治西学，则无以知中国。

君子不器章。

朱子曰：“原宪只是一甘贫之人，邦有道，亦不能出而立事。邦无道，亦不能拨乱反正。”今按：宋儒论学有如此。今人亦以能甘贫来衡量宋儒，此大失之。

## （三）八佾篇

人而不仁如礼何章。

朱子曰：“程子说，仁者天下之正理，固好。但少疏。仁者，本心之全德。”今按：同说《论语》仁字，朱子较程说益精进。清儒少能窥及此。

问游氏言心，程子主理，李氏谓待人而后行。盖心具是理，而所以存是心者，则在乎人也。朱子曰：“得之。”今按：此条分理为第一层，心为第二层，人为第三层。李延平之言，兼人心己心，而以己心为主。中国人讲道理，必兼通理与心与人三层。西方哲学则己心所得之理，专由己创，不求通之人，但求己说能不受别人驳倒即是。故必为一专家，而亦无中国之师道可言。

与其媚于奥章。

朱子曰：“天即理。获罪于天，只是论理之可否，不是说祸福。”今按：孔子说获罪于天，当非说获罪于理。《论语》中天字，岂可一一以理释之。若以近代观念言，则宋儒之说，亦不得不谓其较先秦有进步处。即如此以理释天之类是也。苟既得罪于理，亦不得谓可无祸。此条只是说非有一昊昊在上之天以祸福之。但终与原意有差。如在西方，必该对孔子话加以一番明白的驳斥，宜乎中国古人尊圣尊贤之态度，终将为今日国人崇慕西化者所嗤。又按：孟子言：“莫之为而为者谓之天。”早与孔子得罪于天之天不同。《孟子》七篇，其言异于《论语》者何限，然孟子言：“乃我所愿，则学孔子。”程朱尊孔孟，其言异于孔孟者又何限。中国人此一番崇圣敬贤尊师重道之心情，与其自得自发之努力，互不相违。抑且相得益彰。孔子曰：“我与回言终日，不违如愚，而省其私，亦足以发。”能发则所言不必尽依于前人，然而其尊师崇圣之心则益深益切。今人必以西方人意态来衡量中国以往之一切，则无怪以孔子拟之古希腊之苏格拉底。而其在中国两千年来至圣先师之地位，则无可理解耳。

## （四）里仁篇

里仁为美章。

问：里仁之说，孟子尝引以明择术之意矣。今直以择乡言之，何也。朱子曰：“恐圣人本意，止于如此。而孟子之言姑借此以明彼耳。”又曰：“如孟子说也无害。”今按：此条指出孟子引《论语》有失孔子本意处。朱子又屡指出程子引《论语》失孔子本意处。但朱子又明言其无害。实则朱子说孔孟，宜亦有失孔孟本意处。读者能知此，又能知其无害，斯始可与论中国学术传统之深处。

不仁者不可以久处约章。

问：安仁利仁之可以久处约长处乐，何也。朱子曰：“胡氏于此发明，似得其本旨者。曰：舜之饭糗茹草，若将终身。衣袗鼓琴，若固有之，此安仁者之久处约长处乐也。原宪环堵，闵损汶上，鲁之季文子，齐之晏平仲，此利仁者之久处约长处乐也。”问：非颜闵以上不知此味。曰：“须知到颜闵地位，知得此味，犹未到安处也。”今按：此条若用西方哲学思辨方式来做发明，恐终难达。朱子引胡氏语，以舜至晏平仲诸人之具体行事说之，则本旨自显。又谓到颜闵地位，方知得此味，但又未到安处。则中国学人求知，亦显与西方哲学家求知有不同。到了知处，犹未到乐处，则又显与西方哲学境界有不同。故西方哲学与史学分，中国则绝无此分。而朱子主张格物穷理之精义，亦由此见。若定要把中国人所用道德二字，分立为道德哲学，则自见与中国传统意见大有乖离。

惟仁者能好人章。

问，公正之说。朱子曰：“公者，心之平也。正者，理之得也。一言之中，体用备矣。”又曰：“惟公然后能正。公是个广大无私意，正是个无所偏主处。”又曰：“以无私心解公字，好恶当于理解正字。有人好恶当于理，而未必无私心。有人无私心，而好恶又未必当于理。”今按：今人多连用公正二字，其实公自是公，正自是正，此两字有别，而相少不得。此条就公正二字，来分别心之体与理之用。分别得细，却更见其和合之深。阳明承象山意，争心与理一，又言知行合一，而教人于事上磨炼，似亦未失朱子大旨。然终不如朱子立言之周到。西方贵专门之学，心不能广大无私，而所主之理终亦不能无所偏。学如何从公正处入，又从公正处出，此是一大问题。

苟志于仁矣章。

问：过与恶何分。朱子曰：“恶是诚中形外，过是偶然过差。”又曰：“志于仁，则虽有差，不谓之恶。惟其不志于仁，是以至于有恶。此志字不可草草看。”今按：中国文化传统正是要教人一切志于仁，所以尽有过差，却不志于恶。西方人一切不求志于仁，虽富虽强，其善恶却难言。耶稣传教不得谓其非志于仁，一到欧洲人手里，则变了。即如十字军远征，亦不得谓非恶，终是与十字架精神不同。何以同信一上帝，定要对异教徒斩尽杀绝。则其非仁意，亦可知。

富与贵章。

朱子曰：“众人固欲富贵，然得位以行其道，亦君子之所欲也。众人固恶贫贱，然身困则道否，亦君子之所恶也。故欲富贵而恶贫贱，人之常情。君子小人未尝不同。君子之所以异于人者，特以非义而得富贵则不处，不幸而得贫贱则不去耳。”又曰：“富与贵，贫与贱，方是就至粗处说。后面终食造次颠沛，方是说得来细密。然不先立得个至粗底根脚，则后面许多细密工夫更无安顿处。”今按：此引上一节乃合情合理之言。中国人于贫贱富贵之差，有好安排，有好指导。所欲有不处，所恶能不去，建群立国，已四五千年于兹。今国人乃弃置不加理会，一若论经济，非资本主义即共产主义。论政治，非自由民主即阶级集权。建群立国之大道，尽在人，不在己。风气已成，一时亦无奈之何。此引下一节根脚已差，工夫无安顿处，宜乎今日之一切难言矣。

我未见好仁者章。

朱子曰：“好仁者，是资性浑厚底，恶不仁者是资性刚毅底。好仁者恻隐之心较多，恶不仁者羞恶之心较多。”又曰：“好仁底较强些子，然好仁而未至，却不及那恶不仁之切底。盖恶不仁底，直是壁立千仞，滴水滴冻，做事得成。”今按：中国人讲道理，只从普通人日常人生处讲。如仁不仁，好人恶人，有此心，一切行处逃不离，一切道理亦尽在此上面。何如西方哲学所讲，都远超出了此等处，才有讲究。又西方人似乎恶甚于好，资性刚毅，但所恶乃是贫贱，不是不仁，故不得说他们是壁立千仞，做事得成。此处须细辨。孔子曰："观过斯知仁矣。"中国文化中，自亦不能无过失，但观其过处，自知其用意之仁。近人尽量评斥古人，亦非无过。而其过处，却多陷于不仁，此不可不慎。

子曰参乎吾道一以贯之章。

朱子曰："一是一心，贯是万物。不论何事，圣人只此一心应去。"今按：朱子说一贯，乃以一心应万物。如一堆散钱，将一条索子穿了，此其重心可知。但与西方哲学所主心一元论大不同。心一元论乃说万物分析到最后，只是一个心，此是向外求真。哲学上之唯心唯物，其实与自然科学同样是向外寻求。中国道理重在人生实际行为上，以己之内心去应万物，则心与物显属分了。故以西方哲学来说，朱子近似一二元论者。实则非二元，只能说是多元。亦非多元，朱子只就人的行为说，只能说是一人本位，或人生行为本位，始得之。故又曰："夫子教人零零星星，说来说去，合来合去，合成一个大物事。"此大物事亦仍是一人生，在人之内，不在人之外。西方哲学则要从外面合成一大物，或唯心，或唯物，或上帝，则宗教科学哲学，在西方实只是一个，只是向外寻求。而说来说去，合来合去，人心不同，乃合成三个，即宗教科学哲学是也。都由外面说，不着有己心，非孔子所谓之一贯。朱子又说："譬如元气，八万四千毛孔，无不贯通。"此指人身之生命言。中国人生命，一身贯通，身与身又贯通，故得健康长寿，其民族生命之悠久举世无匹。朱子又说：“天道犹言体也，人道犹言用也。”是天人合一。人道即合于天道，犹吾身之元气与天地之元气亦无不贯通也。朱子又说：“某解此亦用力，一项说天命，一项说圣人，一项说学者。天是无心，圣人是无为，学者是着力。”今按：此着力与无为与无心，亦一以贯之。故孔子只说，吾道一以贯之，而曾子说之以忠恕。忠恕即学者之着力处。西方人则或着力在宗教，或着力在科学，或着力在哲学，皆注意在外，故其元气终不贯通。

君子喻于义章。

朱子曰：“小人之于利，计较精密，有非君子所能知者。缘其气禀中，元有鏖糟浊恶之物，所以才见此一物，而其中元有之物即出来应。君子之于义，亦如此。”今按：此条谓小人在其气禀中元有鏖糟浊恶之物，似近荀子论性恶。故理学家分义理之性与气质之性，而主变化气质。可见理学家自有一套，不专以《论语》《孟子》为说，此即孔子所谓亦足以发也。中国古代与后代之学术思想，莫不各有异，而重要处，则在其仍能会通和合，成为一传统。西方则只言变，言进步，无传统可言。若有之，则亦惟在其求变求进步之一意上。如是则前面并未到家，后面又永不见到家时。中国人则自认为前面到家了，后面仍然会到家。纵不是说时时处处事事物物尽是到家了，但总有时有处有些事物，古圣先贤所行，及其一些观念与理论，则是到家了。今人则谓其只是守旧，一无变，亦未有进步处。此即近代国人与自己文化传统之主要相争处。

以约失之章。

朱子曰：“如老子之学，全是约。盖清虚寡欲是其好处。文景之治，汉曹参之治齐，便是用此。仁宗于元祐，亦是如此。事事不敢做，兵也不敢用，财也不敢用，然终是少失。如熙丰不如此，便多事。”今按：此条说约字全采老子，然并不以老子为全是，为极对。今人一意慕西化，西方亦自有可采处，以西化为全是极对，则大失之矣。或有以程朱既主张孔孟，又兼引老庄为非，则又失之。

## （五）公冶长篇

吾未见刚者章。

朱子曰：“谢氏说最好。为物掩之为欲，故常屈于万物之下。凡人才要贪这一件物事，便被这物事压得头底了。幸幸自好，只是客气，如此便有以意气加人之意。只此便是欲也。又曰，刚者外面退然自守，而其中不屈于欲。幸幸者，外面崛强，计较胜负。”今按：此条分析刚与欲。欲者，外面崛强，意气加人，计较胜负。刚者，外面退然自守，而中不屈。极值用为观察之资。又客气二字，当善体会。意气不本于内心自发，故谓之客气。若气由中发，即不为客气。发而合理，即正气。

我不欲人之加诸我章。

朱子曰："我不欲人之加诸我，吾亦欲无加诸人，未能忘我故也。颜渊曰，愿无伐善，无施劳，能忘我故也。子路曰，愿车马衣轻裘，与朋友共，敝之，而无憾，未能忘物也。一箪食，一瓢饮，在陋巷，人不堪其忧，回也不改其乐，能忘物也。"今按：中国人讲一切道理，全本人之行事，及其内心感觉。而人品高下，亦由此见。西方人不讲究此等，只法律前人人平等而已。

夫子之文章章。

朱子曰："这道理自是未消得理会，且就他威仪文辞处学去。这处熟，性天道自可晓。"今按：此条陈义甚深。何以在威仪文辞上学去，熟了，性天道自可晓，此层未加申说。须学者自加体会。今则威仪全不讲究，文辞则必全改，旧文辞全称为死底，而性与天道则从西方宗教科学上去理会，便与自己文化传统已成河汉之隔。

子路有闻章。

朱子曰："子路不急于闻，而急于行。今人惟恐不闻，既闻得，写在册子上便了，不解自去着工夫。"今按：近人羡西化，更贵闻。既闻得，又急要把别人来改。改变别人，成为自己下工夫处。朱子更所不知了。

## （六）雍也篇

其心三月不违仁章。

或问仁人心也，则心与仁宜一矣。而又曰，心不违仁，则心之与仁，又若二物，何也。朱子曰："孟子之言，非以仁训心，盖以仁为心之德也。人有是心，则有是德。然私欲乱之，则或有是心，而不能有是德。此众人之心，所以每至于违仁也。克己复礼，私欲不萌，则即是心而是德存焉。此颜子之心所以不违于仁也。故所谓违仁者，非有两物。深体而默识于言意之表，庶乎其得之矣。"又曰："张子内外宾主之辩，盖三月不违者，我为主而常在内也。日月至焉者，我为客而常在外也。仁犹屋，心犹我。"又曰："三月不违，则主有时而出。日月至焉，则宾有时而入。"今按：仁，人心也。乃孟子语。仁者心之德，乃朱子语。而语孟仁字之义，乃益显矣。横渠内外宾主之辩，备见切至。人之于道，当使己为主，常在于内而不去。不当使己为客，常离在外而偶至焉。宋儒发明孔孟之道，岂必以违孔孟自创道，乃始为贵乎。

贤哉回也章。

朱子曰："向前见不得底，今见得。向前做不得底，今做得。所以乐不是说把这一个物事来恁地快活。"今按：濂溪教二程寻孔颜乐处，朱子此处则专论颜乐。大体说，一己知行有进，才是内心之真乐。

近人则多想外面寻一个物事来快活，遂谓世界进步，自己生活亦进步。其实事物尽在外，寻不到快活处，即谓自己生活不进步。此亦横渠内外宾主之辩。今日世界物为主，人为宾，宜乎尽日只在物上用心思，转把自己身心放疏了。

问：伊川答鲜于侁，以道为乐，则非颜子。朱子曰："颜子之乐，非是自家有个道，只管把来弄后乐。"又曰："程子之言，但谓圣贤之心与道为一，故无适而不乐。若以道为一物而乐之，则心与道二，而非所以为颜子耳。某子云，心上一毫不留，若有心乐道，即有着矣。此乃佛老绪余，非程子本意也。"今按：此条所辨甚细，一是心以道为乐，一是心上一毫不留，一是心与道为一，此须一一从自己心上辨。近人则此心以物为乐，更复与此心以道为乐有不同。

朱子曰："世之谈经者，往往本卑而抗之使高，本浅而凿之使深，本近而推之使远，本明而必使至晦。且伊尹耕于有莘之野，由是以乐尧舜之道，未尝以乐道为浅也。直谓颜子为乐道，有何不可。"今按：此条更直白。朱子本从二程以上寻孔孟之道，其言先后有不同，正见其数十年间，向学之殷，求道之诚，而亦多向前见不得今见得，向前做不得今做得底，此亦见朱子毕生乐处。教人读古人书，正为教他自己求道，岂为能找出古人一些漏洞，恣我批评，而亦以为道之在此乎。

问：颜子乐处。朱子曰："此等处不可强说，且只看颜子如何做工夫。若学得他工夫，便见得他乐处。非思虑之所能及也。"今按：此条不言乐处先言工夫。工夫又非思虑之谓，寓意深矣。濂溪通书学颜子之所学，即教人学颜子工夫也。寻乐处与学工夫，则待学者自取。

问：不改其乐与乐在其中，二者轻重如何。朱子曰："不要去孔颜身上问，只去自家身上讨。"今按：此条言简意深。又曰："不改字上恐略，与圣人不相似。圣人自然是乐，颜子仅能不改，如云得与不失。不失亦是得，但说不失，则仅能不失耳。终不似得字是得的稳在。"今按：此条又从不改二字上细加分说，恐《论语》本文未必存有此义。《论语》仅言在箪食瓢饮陋巷中而不改，是颜子先已得此乐矣。是不改其乐，犹言乐在其中，亦即无适而不乐也。岂得以不改与在其中来分别孔颜乐处。然朱子所分析，亦仍有其义在。即就其义求之，于我有得，斯可矣。读书有当分别读之者，如此例是也。

樊迟问知章。

或问樊迟问知，而夫子告之以务民之义，敬鬼神而远之，何也。朱子曰："人道之所宜，近而易知也，非达于事理，则必忽而不务，而反务其所不当务者矣。鬼神之理，幽而难测也，非达于事理，则其昧者必至于慢，惑者必至于渎矣。诚能专用其力于人道所宜而易知者，而不昧不惑于鬼神之难测者，是则所谓智也。”今按：中国乃一大陆农国，人道所宜易知。希腊乃一商业国，人道所宜似较难知。犹太民族播迁流徙，其最易亲且近者，乃惟上帝。不知孔子生于希腊犹太，其将何以为教。至今国人则惟宗教科学哲理是尚，读《论语》此条，则鲜不忽之矣。

又问：樊迟问仁，而夫子告之以先难而后获，何也。朱子曰：“为是事者必有是效，是亦天理之自然也。然或先计其效，而后为其事，则事虽公，而意则私。虽有成功，亦利仁之事而已。知循天理之自然，而无欲利之私心。董子所谓仁人者，正其义不谋其利，明其道不计其功，正谓此尔。”今按：以此义语商业民族，似亦难。故希腊人求真理，必从科学哲学上求，不从实际人事上求，此亦有宜谅者。今日则凡所为，必先计其所获，其难其易，则一任各人之自由喜好，则孔子语樊迟以仁，其义将断不可通。至论智，则又断非孔子之所谓智，又无待言。

知者乐水章。

朱子曰：“看圣人之言，须知其味。今且以知者乐水言之，须要仔细看这水，到隈深处如何，到峻处时如何，到浅处时如何，到曲折处时如何。地有不同，而水随之以为态度，必至于达而后已。此可见知者处事处。仁者乐山，亦以此推之。”今按：今人只谓孔子朱子不生我时，哪知我所当处。我所知，亦即在此胜了孔子朱子之所不知。读此条，心中又觉如何。

朱子又曰："仁者乐山一章，与樊迟问仁知章相连，自有互相发明处。专用力于人道之所宜，而不惑于鬼神之不可知，便是见得日用之间，流行运转，不容止息。胸中晓然无疑，这便是知者动处。心下专在此，都无别念虑系绊，见得都是合当做底事，只恁地做将去，这是先难后获，便是仁者静。"又曰："自仁之静知之动而言，则是成己仁也，成物知也。自仁之动知之静而言，则是学不厌知也，教不倦仁也。"今按：朱子逐处体玩发明，皆自有味，读者其深会之。

齐一变章。

朱子曰："变鲁只是扶衰振弱而已。恰似一间屋，鲁只如旧弊之屋，其规模只在。齐则已经拆坏了。"今按：此条论齐一变至于鲁，鲁一变至于道。大抵变，扶衰振弱则易，从头改造则难。朱子又说："今日变时先变熙丰之政，以复祖宗忠厚之意，次变而复于三代也。"今按：善治春秋及宋史，则朱子之意可见。不问历史，仅言变，则第一当变者自为孔子，而朱子则可勿论。晚清有中学为体，西学为用之说，是亦视中国如一旧弊之屋。新文化运动以来，则欲将此屋拆去。不期五千年老屋尽拆不完，是亦出当时意料之外者。

君子博学于文章。

朱子曰："博文约礼，圣门之要法。博文所以验诸事，约礼所以体诸身。"今按：二者仍是一本，即验诸事而已。又曰："夫子教颜子，只是博文约礼两事。自尧舜以来，便自如此说。惟精便是博文，惟一便是约礼。"今按：此条阐说甚深。博文乃所以求精。朱子又曰："博文则须多求，博取熟讲而精择之，然后可以浃洽而通贯。"约礼所以求一者，日用之间到得行时，却是一理是也。又曰："知崇礼卑，博然后崇，卑然后约，物理穷尽，超然于事物之表，则所谓崇。戒慎恐惧于一动一举一言一行，则所谓卑。"又曰："礼是归宿处。"今按：中国人讲学，只要归宿在一己日用之间，此非至卑乎。而凡所讲求，则穷尽物理，超然于事物之表，此又非至崇乎。今人讲学只求专，不求博，只精于一门，已非中国古人之所谓精矣。又不归宿在自己身上，只求把自己归宿在所从事之一项学问上，既不博文，亦不约礼，只把己约在文之一目中而已。看来像是多文，实在则属无己。博而非约，约而非博，在文字上论，虽可同用此博约二字，而内容意义则大不相侔矣。

如有博施于民章。

朱子曰："博施济众是无尽地头，尧舜也做不了。盖仁者之心虽无穷，而仁者之事则有限，自无可了之理。若要就事上说，便尽无下手处。"今按：一项道理，有就心上说，有从事上说，有从理上说。如博施济众是仁，亦是理。但就事上说，便做不尽。纵如尧舜，具圣人之德，在天子之位，也做不尽。己欲立而立人，己欲达而达人，从心上说，也是仁，从事上去做，亦可下手做得去。故中国人讲理，多要就事上讲，更要从心上讲。若离了事与心，专来讲理，便有时会成非理。但也不能离了理来讲事来讲心，那事与心也便多转入非理方面去。此乃中国人所谓之中道。从理上讲，则随时随地无穷无尽。从事上讲，则当前便可着手。从心上讲，则当从人心同然处，人人可以合作。中国人则贵在此三方面能同时顾到。

## （七）述而篇

述而不作章。

朱子曰："张敬夫最不可得。听人说话，便肯改。如此章，他元说彼老彭何人哉，而反使吾夫子想象慕用。某与说，孔子贤于尧舜，非老彭之所及。人皆知之，自不须说。但其谦退不居，而反自比焉，且其辞气极于逊让，而又出于诚实如此。此其所以为盛德之至也。为之说者，正当于此发其深微之意，使学者反复潜玩，识得圣人气象，而因以消其虚骄傲诞之习，乃为有力。今为此论，是乃圣人鞠躬逊避于前，吾党为之攘袂扼腕于后也。他闻说即改。"今按：朱子说《论语》，如此等处，洵可谓极平实，又极深沉之至矣。

甚矣吾衰也章。

问：梦周公涉于心动否。朱子曰："心本是个动物，夜之梦犹昼之思也。梦但得其正，何害。心存这事，便梦这事。常人便胡梦了。老氏清净家爱说一般无梦底话。”今按：朱子于《论语》一辞一事，皆经熟虑精研。孔子梦周公，连程子也不信，朱子则谓：“此正是圣人至诚不息处。然时止时行，无所凝滞，亦未尝不洒落也。故及其衰，则不复梦。”此等述说圣人心理，又是何等深切。

用之则行章。

朱子曰：“如常人，用之则行，乃所愿。舍之则藏，非所欲。是自家命恁地不得已，不奈何。圣人无不得已不奈何意思，何待更言命。”又曰：“到无可奈何处始言命。如云，道之不行也与，命也。道之将废也与，命也。”今按：道之行废可言命。如曰道之不行我知之矣，此可谓之知命。至于我之用行舍藏，则即道所在，宁可有不得已无奈何之意存其间。今人多不好言命，乃反有不得已无奈何之感。

富而可求章。

朱子曰：“言义而不言命，圣贤之事也。其或为人言，则随其高下而设教，岂可以一律拘之哉。故此章之义，亦为中人而发耳。如曰死生有命，富贵在天，求之有道，得之有命，岂皆不言命乎。中人以下，其于义理，有未能安者，以是晓之，庶其易知而肯信耳。”今按：以此条通之前条，知中国人言义理，皆寓教导化育之意，有随人而异者。自与西方哲学发明一真理有不同。其果孰为真理乎，学者宜细参之。

饭疏食饮水章。

朱子曰："乐亦在其中，此乐与贫富自不相干，是别有乐处。"又曰："不知那乐是乐个什么物事，要人识得，这须是去做工夫，涵养得久，自然见得。"又曰："正要理会圣人之心如何得恁地。"又曰："所谓从心所欲不逾矩，左来右去，尽是这天理，如何不快活。"今按：中国人言天理，重在日常人生之工夫上。不如西方哲学重在思辨方法上。如此条可见。今人既不在这上面来做工夫，则且莫在这上面滥肆批评。

子所雅言章。

朱子曰："子所雅言，未及易。今人便先为一种玄妙之说。"又曰："古之学者，只是习诗书礼乐。如易则掌于太卜，春秋掌于史官，学者兼通之，不是正业。"今按：朱子此处寥寥数言，已是深究了古代学术史而发。宁如近人治义理之学，则专归哲学一门。诗书礼乐尽置不顾。且谓讲孔子思想当治《易》，反不看重《论语》。至于历史则属另一门学问，可以全不顾及。

叶公问孔子于子路章。

朱子曰："发愤便忘食，乐便忘忧，细看来，见得圣人超出乎万物之表。"又曰："观天地之运，昼夜寒暑，无须臾停。圣人为学亦若是。从生至死，只是如此，无止法也。"今按：中国人言义理，主要在言人生。言人生，主要在言学问工夫。言学问工夫，主要在此一心。观此条，圣人有此心，我为何独不能有此心，主要学问工夫正在此。

子钓而不纲章。

或问此章之说。朱子曰："张敬夫所论亦佳。曰，圣人之心，天地生物之心也。其亲亲而仁民，仁民而爱物，皆是心之发也。然于物有祭祀之须，有奉养宾客之用，取之有不得免焉。于是取之有时，用之有节。若夫子之不绝流，不射宿，则仁至义尽而天理之公也。使夫子之得邦家，则王政行焉，鸟兽鱼鳖咸若矣。若穷口腹以暴天物者，则固人欲之私也。而异端之教，遂至于禁杀茹蔬，殒身饲兽，而于其天性之亲，人伦之爱，反恝然其无情也。亦岂得为天理之公哉。"今按：此引张南轩之论天理人欲，亦可谓迥不寻常矣。今人治西方哲学，亦每论孔子言仁，宁有取材及此等处者。此亦居心之不同，而为学途径亦有不同，无可强为撮合也。

盖有不知而作之者章。

朱子曰："多闻多见二字，人多轻说过了，将以为偶然多闻多见耳。殊不知此正是合用功处。多闻择其善者而从之，多见而识之，皆欲求其多也。不然则见闻孤寡，不足以为学矣。"今按：朱子之学，见疑于陆王。如此条亦是一主要处。朱子又曰："多闻择善，多见而识，须是自家本领正。到得看那许多，方有辨别。如程先生与禅子读碑，云，公所看都是字，某所看都是理。"今按：即同是看理，亦可有不同，还是要自家本领。今人对西方一切，是见闻多了，但不妨回头来对中国自己的，亦加些见闻。此亦是功夫，才见得有本领。

仁远乎哉章。

朱子曰："人之为学也，是难。若不从文字上做工夫，又茫然不知下手处。若是字字而求，句句而论，不于身上着切体认，则又无益。且如说，我欲仁，斯仁至矣，何故孔门许多弟子，圣人竟不曾以仁许之。虽以颜渊之贤，而尚违于三月之后。而圣人乃曰，我欲仁斯仁至。盍亦于自身体验，我若欲仁，其心如何。仁之至，其意又如何。若每日如此读书，庶几看得道理自我心而得，不为徒言也。"又曰："读书须把自身来体取，做得去，方是无疑。若做不去，须要讲论。且如我欲仁斯仁至，如何恁地易。颜子三月不违仁，其余更不及此，又怎生得恁地难。论语似此有三四处，读论语须是恁地看方得。"今按：此条朱子教人读书为学，极亲切有味。若学西方哲学，读西方哲学书，须从其书中，字字句句，向外面去看，去求，此所谓客观。不得把自身来体取，便陷入了主观。所读书不同，所学又不同，若只把西方哲学观念来读论语，则所取处少，所舍处多。而孔子在哲学中之地位，亦未见其甚高，此亦不可不知。

文莫吾犹人章。

或问：文莫吾犹人章之说。朱子曰："其文义集注备矣。若其所以然者，则未可以一言尽也。盖于文，言其可以及人，足见其不难。继之意，言其不能过人，又见其不必工之意。且合而观之，又见其虽不让其能，而亦不失其谦也。于行，言其未之有得，则见其实之难焉。见其必以得为效焉。见其汲汲于此，而不敢有毫发自足之心焉。一言之中，旨意反复，更出互见，曲折渊永，至于如此，非圣人而能若是哉。”今按：近人好言哲学思想，使读《论语》如此章等，必加忽视，若无甚哲学思想可言也。而朱子于此章，乃委曲分析，不厌其烦，并谓非圣人乌能若是，其重视又如此。窃意此章文字，即子贡言夫子之文章可得而闻以及孔子教颜子博文之文。孔子自言“十室之邑，必有忠信如丘者焉，不如丘之好学也”。又自言“学不厌，教不倦”。则有关学文之事，孔子常以勉人，亦常以自许也。然为学不尽于博文，尚有约礼。颜子曰：“夫子步亦步，夫子趋亦趋，既竭吾才，如有所立卓尔，虽欲从之，末由也已。”亦步亦趋，即莫吾犹人也。如有所立卓尔，然欲从之，末由也矣，此即行有未得也。则孔颜所言，如出一辙。《论语》开首第一句即曰，学而时习之。学在文，而习在行。孔子又曰：“吾无行而不与二三子。”则孔子之教，固重在自己的一切行上。孔子又曰：“性相近，习相远。”十室之邑，必有忠信如丘者，是其性之相近。不如丘之好学，则其习之相远。而此一境界，则可无所终了。

而孔子亦不以此自足焉。西方人为学，毕生致力于哲学，则为一哲学家。其于科学文学亦皆然，此亦文之莫吾犹人也。但至于其人之行，则可绝不与其人之学相关，亦可置之不问。则孔子之不自足处，正今人认为可置不问处。孔子所自认之莫吾犹人处，即言他自己和人差不多处，则今人转轻其不如他人。即如他不能成一哲学专家，便认为孔子不如苏格拉底了。此处异同应另有一番真理，惜今人决不肯在此等处详发，则可憾耳。

若圣与仁章。

朱子曰："不居仁圣，已为谦矣。以学不厌诲不倦为无有，又谦之谦也。至于事父母公卿一节，则又谦谦之谦也。盖圣人只见义理无穷，而自己有未到处，是以其言每下而益见其高也。"今按：朱子论此一章，正与上引论莫吾犹人章相发。孔子曰："后生可畏，焉知来者之不如今。"一边既认十室之邑必有忠信如丘者，另一边亦认必有好学而能知有未到处如我者。此即忠信之性，学而益深益厚之一表现也。但今人则谓义理只如我之所见，前人不足信，后生亦不足畏，义理已穷到尽如我所见，惟我独尊。人人如此，则人人不足信，人人不足畏，惟有一语，曰变曰进步。但尽变尽进步，斯亦见义理之无穷矣。而惟人之不足信，不足畏，则成一不能变不再进步处，是亦可叹矣。

## （八）泰伯篇

士不可以不弘毅章。

朱子曰："弘非止是容物，乃容得众理耳。今之学者执德不弘，才得些子道理，便自足。他说更入不得，如此则滞于一隅，如何得弘，如何胜得重任耶。"今按：西方学者崇尚专门，倘以中国语衡量，亦可谓其执德不弘。所以在西方史上，学者从不负政治重任，亦不负师道重任，其实则是不负人群大道之重任。不仅任不重，抑亦道不远。过些时，他那一套便须有另一人另一套来代替。所以我们要只说求变求新了。

兴于诗章。

朱子曰："只是这一心。兴于诗，兴此心也。立于礼，立此心也。成于乐，成此心也。"又曰："今岂特诗乐无，礼也无。而今只有义理在，且讲究分别是非邪正，到感慨处，必能兴起其善心，惩创其恶志，便是兴于诗之功。涵养德性无斯须不和不乐，便是成于乐之功。如礼，古人这身都只在礼之中，都不由得自家。今既无之，只得硬做些规矩，自恁地收敛。"今按：朱子此处语，也须放宽看。由屈原陶潜以下，也尽有诗。昭明《文选》及唐宋诸家集中诗，也有可兴，朱子也亲自在诗上幼年起即用着功。礼乐也非绝。朱子在后世礼上尽多讨究，并亲定了《家礼》一书。乐则最微，亦非无。朱子在此方面似用力最少。惟孔子先圣既已兴于诗，立于礼，成于乐。朱子所谓只有义理，则从先圣先贤心上来。故孔子教其子，学诗学礼。朱子教人，则读《论语》《孟子》。此非不是，亦并不与孔子意相违。四书之教先于五经，正是理学最着精神处。但并不是有了义理，不再要诗与礼乐了。后人误解理学家，每在此等处。今日则诗与礼乐三者真全废了，则朱子此条更值注意。今人亦有言复兴文化者，则当从义理大处来兴诗兴礼兴乐才是。

民可使由之章。

或问：子谓民可使之由于是理之当然，而不能使之知其所以然者，何也。朱子曰："理之所当然者，所谓民之秉彝，百姓所日用者也。圣人之为礼乐刑政，皆所以使民由之也。其所以然，则莫不原于天命之性，虽学者有未易得闻者，而况于庶民乎。其曰，不可使知之，盖不能使之知，非不使之知也。"又曰："不是愚黔首，是不可得而使之知也。"又曰："由之而不知，不害其为循理。及其自觉此理而知之，则沛然矣。必使之知，则人求知之心胜，而由之不安。甚者遂不复由，而惟知之为务，其害岂可胜言。大抵由之而自知，则随其浅深，自有安处。使之知，则知之必不至。至者亦过之，而与不及者无以异。"又曰："某尝举张子韶之说以问李先生，曰，当事亲，便要体认取个仁。当事兄，便要体认取个义。如此则事亲事兄却是没紧要底事，且姑借此来体认取个仁义耳。李先生笑曰，不易。公看得好。或曰，王介甫以为不可使知，盖圣人愚民之意。曰，申韩黄老之说便是此意。”今按：说不可使知之非愚民，已极详尽。今人读《论语》此条，仍必主愚民说，不肯读书，亦无如之何矣。近世科学昌明，驾驶飞机者，岂尽知飞机制造之理。修理电灯者，岂尽知电灯制造之理。科学上之一事一物尚然，又何论于国家治平礼乐刑政之大。所以中国人论政，必兼言教，而又言不可使知，其理微矣。学者则不可不察。

好勇疾贫章。

或问：好勇疾贫之说。朱子曰：“胡氏曰，好勇而不疾贫，则不肯为乱。疾贫而不好勇，则不能为乱。自古乱民，皆其材力出众，而迫于饥寒者也。为人上者，其可不思制其产，厚其生乎。抑学者不幸而好勇，又不幸而贫，苟无道以持之，自行一不义，取非其有，日长月滋，其不流于跖也几希。此又学者所当自警也。”今按：近世资本主义盛行，必疾贫。又以帝国主义求为保持扩张，则必教民好勇。使国外受阻遏，则内乱必兴。又有好勇而疾贫之学者为之助长，其不致乱者几希。故中国为政者，必重制产厚生。而知仁勇三德，勇必随于知与仁之后也。今国人方慕西化，既教人疾贫，又教以好勇，其为危道亦可警矣。

大哉尧之为君章。

朱子曰：“非惟荡荡无能名也，亦有巍巍之成功可见，又有焕乎之文章可睹。”今按：庄老之论不如儒，即此一端可见。

### （九）子罕篇

太宰问于子贡章。

朱子曰：“太宰所云，是以多能为圣也。子贡所对，是以多能为余事也。夫子所言，是以圣为不在于多能也。三者之说不同。若要形容圣人地位，则子贡之言为尽。盖圣人主于德，固不在多能，然圣人未有不多能者。夫子以多能不可以律人，故言君子不多而尚德不尚艺之意。其实圣人未尝不多能也。”今按：近人多疑圣人尚德不多能，此条辨之，极是。又言多能不可以律人，能专一艺，能擅一长，即可。惟圣人多能又尚德，始为圣。孟子多从德上讲，荀子多从才能上讲，而朱子之意则深矣。学者不可不深考。

出则事公卿章。

朱子曰：“此说本卑，非有甚高之行。然工夫却愈精密，道理却愈无穷。故曰，知崇礼卑。又曰，崇德广业。盖德知虽高，然践履却只是卑，惟愈卑则愈广。”今按：此条言德知高，践履卑，道出了中国文化传统人生修养之理想境界。此惟知德兼崇，乃能有此境界。把知德分了，则尽人都在知上业上争崇恶卑。此一境界，就无可谈了。

子在川上章。

朱子曰：“川上之叹，圣人有感于道体之无穷，而语之以勉人，使汲汲于进学耳。”又曰：“此个道理，吾身在其中，万物在其中，天地亦在其中，同是一个物事，无障蔽，无遮碍。吾之心即天地之心，圣人即川流而见之。但天命正而人心邪，天命公而人心私，天命大而人心小，所以与天地不相似。今讲学即欲去与天地不相似者，以与之相似尔。”又曰：“与道为体四字甚精。盖物生水流，非道之体，乃与道为体也。”又曰：“道无形体可见，却是这物事盛载那道出来，故可见这体字粗，只是形体之体。恐人说物自物，道自道，所以指物以见道。其实这许多物事凑合来，便都是道之体。道之体便在这许多物事上。只是水上较亲切易见。”又曰：“日往月来，寒往暑来，水流不息，物生不穷，未是道。然无这道，便无这个了。有这道，方始有这个。既有这个，就上面便可见得道，是与道做个骨子，故言与道为体也。”问东坡云，逝者如斯，而未尝往也。盈虚者如代，而卒莫消长也。此语如何。朱子曰：“既不往来，不消长，却是个甚底物事。这个道理，其来无尽，其往无穷，圣人但云，维天之命，于穆不已。”又曰：“逝者如斯，但说不已而已，未尝说不消长，不往来。渠本欲高其说，却不知说得不活矣。既是往者如斯，盈虚者如代，便是此理流行不已也。东坡之说便是肇法师四不迁之说也。”

今按：此条指明道体，极平实亲切。老子言：“三十辐共一毂，当其无，有车之用。埏埴以为器，当其无，有器之用。凿户牖以为室，当其无，有室之用。故有之以为利，无之以为用。”《老子》此章只言用字，不言体字。因车与器与室，虽各有其体，而其用处则不在其体中之有处，而在其体中之无处。其无处即老子之所谓道也。今朱子言与道为体，亦即言道无体，而诸事物与之为体。亦即如言理即在气中，舍气即无理可见也。此与今俗言体用二字仍有辨，当细分别。其辨东坡说，则尤见儒释之异，学者所当细玩。此论道体，又与西方哲学辨唯心唯物，乃讨论天地万物最先如何，从哪里来不同。中国人只从那天地万物之流行变化上来讨论一道理，不问那一切流行变化从哪里来。西方宗教与科学，则都在讨论此天地万物从哪来，却并不着重对那当前的一切流行变化该如何办，这是大不同处。

朱子论此条又曰：“无天德，则是私意，是计较。后人多无天德，所以做王道不成。”今按：如孝弟忠信，人人皆有其心，便是天德。中国人便只从此等天德上讲究进去。倘定要问天地如何成，万物如何生，从中国人意见讲，此等问题便多余了。不过要自逞聪明，自见智慧，却不免有私意夹杂其中。此乃少数人偶然事。中国的王道便从天德来。西方的宗教科学哲学都讲得太远，不切人事。科学走上了利用的路，是计较，非践履。宗教又把恺撒事交恺撒管，便多做不出王道来。故朱子又说：“天理流行之妙，若少有私欲以间之，便如水被些障塞，不得恁滔滔地流去。”今按：孔门言知，必兼言仁。仁即天德也。

未见好德如好色章。

朱子曰：“胡氏曰，色者，人之所同好，好而难疏。德亦人之所同好，好而难亲。知其病而痛药之，不使稂莠得害嘉谷，则志气清明，而独立乎万物之表矣。”今按：此条论好德与好色，语平意实。理学家意见，能从此等处参入，何尝有不近人情处。

譬如为山章。

朱子曰：“胡氏曰，颜渊曰，舜何人也，予何人也，有为者亦若是。此吾往者也。冉有曰，非不悦子之道，力不足也。此吾止者也。其进其止，皆非他人所能。此君子所以自强不息也。”今按：此条亦如上条，语极平实，极亲切，由此即上了理学道路。

知者不惑章。

朱子曰：“仁者理即是心，心即是理。”今按：此理极简明，只有在仁上始见理即心心即理。又曰：“成德，以仁为先。进学，以知为先。此诚而明，明而诚也。”又曰：“有仁智而后有勇，然而仁智又少勇不得。”又曰：“仁者通体是理，无一毫私心。”今按：合此诸语，成德进学之道，昭示无遗矣。然知仁勇三德，知在最先，此则由明诚，人之道也。孔子必谓不如丘之好学，即此义。

## （十）先进篇

从我于陈蔡者章。

或问：四科之目，朱子曰：“德行者，潜心体道，默契于中，笃志力行，不言而信者也。言语，善为辞令。政事，达于为国治民之事。文学，学于诗书礼乐之文，而能言其意。夫子教人各因其长，以入于道。然其序则必以德行为先，诚以躬行，实造具体。圣人学之所贵，尤在于此。非若三者各为一事之长而已也。”今按：西方学者，各为一事之长，宗教亦不例外。德行一科，似不注意。此为中西人文最要差异之所在。

季路问事鬼神章。

朱子曰：“气则二，理则一。”今按：朱子《大学补传》言：“众物之表里精粗无不到，吾心之全体大用无不明。”朱子言心与物，皆若气，其所到达始是理。依西方哲学术语言，朱子非主唯物一元，亦非主唯心一元，乃可谓主唯理一元。但格物穷理皆凭心，故心物并言，心尤重于物。此乃朱子论学大旨。

又曰：“不可将精神知觉做性字看。”又曰：“性者，理而已矣。乾坤变化，万物受命，虽所禀之在我，然其理则非有我之所得私也。所谓反身而诚，盖谓尽其所得乎己之理，则知天下万物之理初不外此。

非谓尽得我此知觉，则众人之知觉皆是此物也。性只是理，不可以聚散言。其聚而生散而死者，气而已矣。所谓精神魂魄，有知有觉者，皆气之所为也。故聚则有，散则无。若理，则初不为聚散而有无也。但有是理，则有是气。苟气聚乎此，则其理亦命乎此耳。不得以水沤比。鬼神便是精神魂魄，程子所谓天地之功用，造化之迹，张子所谓二气之良能，皆非性之谓也。然气已散者，既化而无有矣。其根于理而日生者，则固浩然而无穷也。乾坤造化如大洪炉，人物生生，无少休息，是乃所谓实然之理，不忧其断灭也。今乃以一片大虚寂目之，而反认人物已死之知觉谓实然之理，岂不误哉。”今按：此依理气之辨而言。亦可谓朱子乃指性理一元论。但性与理又有别。精神知觉乃心非性，非有我之所得私。其言与一般理学家分说义理之性与气质之性乃由相同之思路来。而有发先秦孟荀诸家论性所未发，然亦不得谓其与孟荀论性有违。不得以西方哲学为例，以其言有不同，而转肆分别。如此之类，应为治中国思想史者所宜深思而熟玩。

子路曾皙四子言志章。

问：“夫子何以与点。”朱子曰：“方三子之竞言所志，点独鼓瑟，若无所闻。及夫子问之，乃徐舍瑟而对。其志之所存，未尝少出其位，澹然若将终身。此夫子所以与之也。”又曰：“曾皙以乐于今日者对，诸子以期于异日者对，诸子有安排期必，而曾皙无之。”问：“何以言其与天地万物各得其所。”朱子曰：“暮春之日，生物畅茂之时。春服既成，人体和适之候。冠者五六人，童子六七人，长少有序而和。沂上舞雩，鲁国之胜处。既浴而风，又咏而归，乐而得其所也。以所居之位而言，其乐虽若止于一身，以其心而论，则固蔼然天地生物之心，圣人对时育物之事也。又安有物我内外之间哉。”问：“便是尧舜气象。”朱子曰：“万物各遂其性，此句可见尧舜气象。暮春时，物态舒畅如此，曾点情思又如此，尧舜之心亦但欲万物皆如此尔。”或曰：“列子御风之事近之，其说然乎？”朱子曰：“圣贤之心所以异于佛老者，正以无意必固我之累。而所谓天地生物之心，对时育物之事，未始一息停止也。若但曰旷然无所倚着，则亦何以异于虚无寂灭之学乎。”又曰：“曾点意思与庄周相似，但不至跌荡尔。学者当循下学上达之序，庶几不差。若一向先求曾点见解，未有不入于佛老者。”又曰：“曾点意思若能体认分明，令人消得无限利禄鄙吝之心。”今按：上论与天地万物各得其所以及尧舜气象两层，乃朱子发挥程子意。后言曾点意思与庄周相似，则朱子自发意。学者体认得朱子意，则程子语亦无谬。若不明朱子意，仅从程子语参入，则易滋误解。一般理学家有太重视孔子与点一叹者，多为忽略了朱子所言。朱子读《论语》则体会《论语》，读程子书则体会程子，于群书中求其通，又不忽其有异。此可为中国学人读书之榜样。

### （十一）颜渊篇

颜渊问仁章。

朱子曰："人受天地之中以生，而仁义礼智之性具于其心。仁虽专主于爱，而实为心体之全德。礼则专主于敬，而实为天理之节文也。人有是身，则耳目口体之间不能无私欲之累，以违于礼而害夫仁。人而不仁，则其一身莫适为主，而事物之间，颠倒错乱，无所不至矣。圣门之学，所以汲汲于求仁。而颜子之问，夫子特以克己复礼告之，盖欲其克去有己之私欲，而复于天理之本然。则本心之全德，将无不尽也。己者，人欲之私。礼者，天理之公。一心之中，二者不容并立，而其相去之间，不能以毫发。其克与不克，复与不复，如手反复，如臂屈伸，诚欲为之，其机固亦在我而已。"今按：此条以天理之公与人欲之私对言，而谓二者之间不能以毫发。孔子又言："未见好德如好色者。"好德，乃天理之公。好色，乃人欲之私。然此二者皆人之性命禀赋，果使好德能如好色，则好色亦自有节度限制。夫妇为人伦之始，人欲之私亦即天理之公。即孔子所言未见好德如好色，亦未谓二者不能并存于吾心。朱子亦引他家之言以说之。后儒于此章克己二字与朱子持异解，然朱子亦已言克复之机亦在我，则克去己私之工夫亦即在己矣。清儒言训诂明而后义理明，其实明其义理之大，则训诂小异，亦不值有大争议。此条论天理人欲公私之间，则义理之大者。谓其间不毫发，而其机则全在我，则亦言之已尽矣。后儒在此等处，与理学家争，似无值大争处。

仲弓问仁章。

朱子曰："修己以敬，则私意无所萌矣。推己以恕，则私意无所施矣。如是则天理流行，内外一致，而仁在我矣。"今按：上章言克去己私，本章言修己以敬，推己以恕，则朱子意未尝轻己可知。故读古人书贵能通求其大义，逐字逐句，一枝一叶，纵所言小异，可无拘碍矣。

司马牛问仁章。

朱子曰："孔子答问，但问如何行仁，但答如何可以至仁，未尝有问如何是仁者。观颜子仲弓司马牛樊迟之问答可见矣。"今按：如西方哲学，便该先知如何是仁，再有他问。此为中西双方思想学问一大不同处。但未见之行，又行所未至，又如何有知，此亦一大问题。中国古人言知之非艰，行之惟艰，阳明主知行合一，最近世孙中山又言知难行易，三说皆一贯而来。西方哲学乃称爱知之学，却不兼重行。故西方有各擅专门知识之学者，无中国人意想中知行并重之君子与圣人。

司马牛问君子章。

朱子曰："所以不忧不惧，由于内省不疚。学者又须观所以内省不疚，又如何得之，然后可以进步。不然书自书，人自人。"今按：西方之学，著书立说，重在其书，不在其人。近日国人慕西化，亦如此。皆所谓书自书，人自人也。

子贡问政章。

朱子曰："以序言之，则食为先。以理言之，则信为重。"又曰："信是在人心，不容变者。有信则相守以死，无信则相欺相诈，臣弃其君，子弃其父，各自求生路去。"今按：身之所先为食，心之所重为信。食取于外以足其内，信生于内以安其外。朱子又言："集注不若死之为安，安字极有味，宜玩之。"今按：今日举世不安，皆为无信。而世人则群认为是一经济问题。不知其内在深处本源，乃在心与心相互间一信上。疗治所急，则是一心理问题。西方学术史上讲心理，从来亦与中国不同。使孔子生今日，恐亦仍当为一人不知而不愠之君子而止。其答子贡之所问，诚难以语之今世矣。

樊迟从游章。

朱子曰："人惟一心耳。既为其事，又有求得之心，即不专矣，安能有积累之功。此一条心路，只是一直去，更无他歧。才分成两途，便不可。且如今做一事，一心在此做，一心又去计功，则此事定不到头，亦不十分精致。”今按：此条近人读之必谓此是朱子一番思想，而颇具哲学意味。其实朱子只是在凭《论语》记孔子告樊迟语，申说孔子心意，亦所谓述而不作也。而孔子当时语樊迟，亦适如朱子所谓就事论理，非凭空自作一番哲学主张，如近人所意想。当孔子时，中国系一农工社会。农则为井田制，由公家授田，老而归还，不得占为私有。一心耕耘，非有他图。工亦由官受廪，凡其所成，尽以献于公，不得私自营利。即令其一心在此工上，不存他想，又必子孙世袭，累世一心，则其业自精。故中国古代百工皆成氏，如管仲鲍叔牙，即出管工鲍工之家。自幼即一心在其所治之业，出而从事政治，亦一心在其所从事之政治上，非有他途别计。为一器，则有一器之用。管仲为齐相，则尽其为齐相之职，一心为桓公。孔子称其九合诸侯，一匡天下，民到于今受其赐。使非一心为政，又焉得如是。而孔子又称管仲器小，则嫌其有三归，又分心于私生活之享受上，遂使其在当时政治上未能显出更大用场而已。至孔子，始知志于学，志在周公。亦一心在政治上期求有更大作用。故曰：“君子不器。”又以子贡为瑚琏之器，则藏在宗庙之贵器，亦不作其他用。故曰：“百工居肆以成其事，君子学以致其道。”君子不器，非言无用，乃求其在人群社会政治阶层中，做出更广大更变通之大用而已。本章崇德之义即如此。亦非谓德乃无功无用。此条所谓做一事一心在此做，不可一心又去计功，此非谓不在事上计功，乃谓不在做事者自己私人心上计功，如此专心一志，乃谓心之德。义利之辨，成为中国文化传统上一大意见，乃从中国社会自身情况来，亦即所谓就事论理也。而西方自古即为一工商社会，工商业正为经营此业者之自身私利着想，其所重视之工商业，则为一手段，非目的，其心便已分了，与中国古代人心情大不同。其他学业遂亦不得不受其影响。即论艺术，中国工业本身即成为一艺术，西方则工业与艺术分途。如雕刻一美人石像，必求取得众心喜悦，乃成一艺术品，而艺术家之生活，亦寄于此。如此条言，若去计功，则此事定不到头，亦不十分精致。此有甚深妙意，但就中国工业艺术言是如此。西方艺术正为其计功，才有他们的到头，他们的精致，与中国自不同。今人读古人书，当就自己文化传统之大义上去读，乃能得其书中之意。若依西方观念来读中国古人书，则自见其无当。又要从西方义理来尽改中国社会之种种，则更无当了。朱子解此章又说："即于自己疏，而心亦粗矣。"此语真不虚也。

### （十二）子路篇

樊迟问仁章。

朱子曰："孟子言存心养性，便说得虚。孔子教人居处恭，执事敬，与人忠等语，则就实行处做工夫，如此则存心养性自在。”今按：此条分说《论》《孟》极有味。《论语》言心，多归之行。《孟子》论行，多本之心。陆王家言多引《孟子》为据，而按之《论语》则易见其未是。西方心理学，只就一身之生理物理上求，最多只可谓是专于心以求心。何如中国人言心，必推极之于言语行为，及其对面接触之事物之为亲切而得实，扼要而有用乎。

又曰：“此章须反求诸己而思之。居处恭乎，执事敬乎，与人忠乎，又须思居处恭时如何，不恭时如何。执事敬时如何，不敬时如何。与人忠时如何，不忠时如何。方知须用恭敬与忠也。”今按：此条尤见亲切平实。人心必从事上物上见，而更要则在反求诸己。西方人一切重客观，研究心理学以洋老鼠小白兔为证，亦浅之乎其视人心矣。

子贡问如何斯可谓之士章。

朱子曰：“称孝称弟，是能守一夫之私行，不能广其固有之良心。”今按：此两语言简意深。有子以孝弟为仁之本。孝弟固即是仁，但仁即心体，其体广大，非孝弟可尽。舜与周公为大孝，斯为能广其心矣。故孔门言仁必兼言知，言行必兼言学。良知乃不学而知者。此条言良心，则虽天赋固有，必学而后能广能尽。阳明提倡良知，于学的方面，未免少用力提倡，流弊遂不胜言。

不得中行而与之章。

朱子曰："中行之人有狂者之志，而所为精密。有狷者之节，不致过激。故极难得。"又曰："狂者知之过，狷者行之过，二者皆谓过中。"今按：中国言知行，又言志节，不专向一偏，故有中行，亦称中道。但不能称中知。又言志于道，志于学，不专言立志。只就语言文字上细加体会，自可了解到中国之文化大传统。

君子和而不同章。

朱子曰："二者外虽相似而内实相反，乃君子小人情状之隐微。自古至今，如出一轨。非圣人不能究极而发明之也。且以近代诸公论之，韩富范公，上前议论不同，或至失色，而卒未尝失和气。至王吕章曾蔡氏，父子兄弟，同恶相济。而其隙也，无所不至焉，亦足以验圣言之不可易矣。"今按：此条陈义极深。近代一世人，争言同，不言和。即以吾中国言，惟孙中山辛亥革命乃让位于袁世凯，及其创为三民主义，在广州自建政府，又北上与段祺瑞张作霖言和，却存有中国传统君子和而不同之遗风。读《论语》此章者，其试深思之，则为人处事之境界，亦庶有近乎胡五峰所谓天理人欲同行异情之所辨，而心知其然矣。

## （十三）宪问篇

子贡曰管仲非仁者与章。

朱子曰："程子之说甚精。然其曰当死而不死，则后虽有功，亦不复取，则未安耳。若曰不与其事桓则可，不取其功则不可。盖功自功，过自过，若过可以掩功，则功亦得以掩其过矣。”今按：此条论功过不相掩，若言之甚宽，实亦甚严。朱子在此明反程子，更见理学家论道之不苟。实则程子此番意见已明反了孔子。朱子论其未安，是也。而朱子之尊程子，则不以此改。实则如此等处，不仅朱子当尊，程子亦当尊。因程子亦不为此等见解稍改其尊孔之意态也。其他朱子说四书，纠正程子意尚多，不尽详举。

莫我知也夫章。

朱子曰：“其不怨不尤，则不责之人，而责之己。其下学，人事也，则又不求之远，而求之近。此固无与于人而不骇于俗矣，人亦何自而知之。及其上达而与天为一焉，则又有非人之所及知者，而独于天理为相关尔。此所以人莫之知，两头蹉过，而天独知之也。曰下学而上达，言始也。下学而卒之上达云尔。程子以为下学人事便是上达天理，何耶？曰学者学夫人之事，形而下者也。而其事之理，则固天之理也，形而上者也。学是事，而通其理，即夫形而下者而得其形而上者焉，非达天理而何哉。”今按：中国学人不求人知，其义如此。朱子又曰：“下学只是下学，如何便解上达，自是言语形容不得。”今按：此条徐宇记，乃朱子六十岁语。朱子又曰：“意在言表，谓因其言而知其意，便是下学上达。”又按：此条陈淳记，乃朱子七十岁语。则朱子对《论语》上达二字，始终未下切解。程子谓是上达天理，朱子承其说，终是增字诂经，故朱子亦不直引以为说，此可见朱子说经之慎。今以私意窥之，孔子所学，皆下学也。三十而立，四十而不惑，五十而知天命，六十而耳顺，七十而从心所欲不逾矩，此皆孔子之上达境界也。此则出于孔子所自言。孔子又说：“若圣与仁，则我岂敢”，此虽孔子谦辞，亦言学之无止境，是孔子之下学上达皆在人事中。西方哲学中有形而上学，明超人事以为学。中国则形而上即在形而下之中，使无形而下又何来有形而上。又西方人为学，务求人知，骇俗之心终不能免。又一切每责之环境，则怨尤不能免。《论语》此章，从今世慕效西化言之，乃无一字之可矣。朱子又曰：“如释氏顿悟，则是上达而下学也。”今按：此或为今人所可首肯。西方哲学则惟求上达，更无所谓下学。则孔子之不为今人所知，亦宜矣。

公伯寮愬子路章。

或问命。朱子曰：“命者，天理流行，付与万物之谓也。然其形而上者谓之理，形而下者谓之气，自其理之体而言之，则元亨利贞之德，具于一时，而万古不易。自其气之运而言之，则消息盈虚之变，如循环之无端，而不可穷也。万物受命于天以生，而得其理之体，故仁义礼智之德根于心而为性。其既生也，则随其气之运，故废兴厚薄之变，惟所遇而莫逃。此章之所谓命，盖指气之所运为言。”今按：孔子言命，恐非朱子此段之义。然朱子特因孔子语而引申发挥之如此，非故欲违反孔子以自创新说也。今特当注意者，命中有废兴厚薄。故中国人遇衰世乱世仍能奋发向上，在变中知有常，此乃所谓知命。非安于衰乱之谓知命，亦非遇衰乱而必尽变其前之所为以求另创一新世界，而知命则为一种迷信，如今国人所想象。朱子此条，仍于吾近代国人有参考思虑之价值。此即朱子善发孔子之意之所在。

贤者辟世章。

或问：程伯子以事之大小言，或以人之高下言，二说不同。朱子曰：“以古圣贤之迹与随时之义考之，则程子得之。但辟世之士，或志量宏大，而不屑一国之事。或智识明达，而灼见天下之几，飘然事物之外，以没其身而不悔。此则仅能辟地。若辟人之士，犹颇有意于当世者，或有时而不能为耳。故程子所谓远照，故能辟一世事。其说亦为有理。”今按：如此说之，中国儒家绝无辟世意。孔子所谓我非斯人之徒与而谁与也。耶稣以恺撒事交恺撒管，斯乃一种变相之辟世，与释迦牟尼相去乃五十步百步之间。孔子只言舍之则藏，此与耶释两家绝不相同。但与今人昌言革命意亦不同。惟老庄言辟世，却有与孔子儒家有较近处。学者其细参之。又此段所言有与前段论知命有相发处，亦宜细参。

子击磬于卫章。

朱子曰："荷蒉之徒高于子产晏平仲辈，而不及蘧伯玉。盖伯玉知为学者也。"今按：知人论学，此段之义深矣。何以子产晏平仲不如蘧伯玉，此是一问题，当深究。朱子又曰："击磬之时，其心忧乎乐乎，此是一大题目，须细思之。"今按：寻孔颜乐处，亦当于如此章者求之。则忧以天下，乐以天下，乐中仍不害有忧，忧中亦不害有乐。当知孔颜乐处，乐中仍有忧，乃庶得之。

子路问君子章。

或问或以安人安百姓为扩而大之，或以为推而及物，而集注但谓以其充积之盛，自然及物，何哉？朱子曰："所谓修己以敬，语虽至约，而所以齐家治国平天下之本，举积诸此。修己以敬，而极其至，则心平气和，静虚动直，而所施为无不自然，各当其理，是以其治之所及，群黎百姓，莫不各得其安也。是皆本于修己以敬之一言，然非有待夫节节推之也，亦非待夫举此心以加诸彼也，亦谓其功效之自然及物耳。"或曰：夫子之言，岂其略无大小远近之差乎。朱子曰："虽若有大小远近之差，然皆不离于修己以敬之一言，而非有待于扩之而后大，推之而后远也。"今按：此段陈义甚深。孔子讲学即其修己以敬之一具体表现也。其及门七十弟子，则亲炙于孔子之教诲，而心获安。数传之后，孟子亦私淑艾焉，而心获安。两千年来，不论世之盛衰治乱，苟能读《论语》一书而有得，亦获心安。则又岂待孔子之扩而大之推而远之乎。孔子用心不及于此，只在修己以敬，未尝有计较功效之心夹杂其中，而其自然功效有若是。中国古圣贤为学用心所在，为中国文化大传统之基本精神者，朱子此段发挥，可谓已得其要。诚学者所当深参也。

## （十四）卫灵公篇

卫灵公首章。

问：明日遂行，在陈绝粮，想孔子都不计较，所以绝粮。朱子曰："若计较则不成行矣。"今按：圣人为学用心，固不存计较功效心，亦不存计较患难心。孔子之在陈绝粮，自近代人观念言之，固非孔子命该如此，乃是孔子猖狂妄行，自招来此许多磨难耳。岂其然乎。

无为而治章。

朱子曰："老氏之所谓无为，简忽而已。如此所谓无为，是什么样本领，岂可与老氏同日而语。"今按：老子言无为，每常过重自然而简忽于人文。今人则以自然与人文分别看，求以自然来补益人文，甚至不惜违反自然，及此谓之有为。孔子之言无为，则自然与人文一以贯之，而达于人文之最高可能，是即无为以有为也。

子张问行章。

朱子曰："言忠信，行笃敬，只说言行当如此。下一句蛮陌之邦行矣，未须理会。及其久也，只见得合如此言，合如此行，亦不知其为忠信笃敬，而忠信笃敬自在，方好。"今按：孟子行仁义与由仁义行之辨，行仁义亦当不知其为仁义，乃更高。此亦一无为也。在我则为天德，在我之外则为天命天理，而天人合一矣。

直哉史鱼章。

朱子曰："学者当知伯玉所以如此，盖其德性深厚，循理而行，自然中节。初非规规然务为缄默，而预为可以卷怀之计也。"今按：此段涵义可与上引数段涵义互相发明。但朱子说此数条，每提到一理字。今人必先问此一理字究当作何解，则已离开了该当理会处，而于无可理会处作理会。则所加以理会者，亦惟在一些文字思辨而止，与上引诸段之真义则无关。如朱子言："仁者，心之德，爱之理。"又言："礼者，天理之节文。"皆已解释明白，无可再作详解。若有不明，不如反就《论语》论仁及礼处解之。凡朱子在此数章所言理字，亦不如反就《论语》忠信笃敬仁义诸字解之。如此则朱子解《论语》，岂不等于无解，此亦所谓述而不作也。

今再浅白言之，上自孔子，下迄朱子，凡所思辨，都还是此一番道理，惟多用些语言文字来作申述而已。朱子以下，大体还如此。此之谓中国之传统文化。直至晚近而大变，此亦学者所不可不知。

志士仁人章。

朱子曰："仁者，心之德，而万理具焉。不合于理，则心不安，而害其德矣。顺此理而不违，则身虽可杀，而此心之全，此理之正，浩然充塞天地之间，夫孰得而亡之。"又曰："志士仁人所以不求生以害仁者，乃其心中自有不安不忍。所谓成仁者，亦但以遂其良心之所安而已，非欲全其所以生而后为之也。今解者每不以仁义忠孝为吾心之不能已，而以为畏天命谨天职，则是本心之外别有一念计及此等利害轻重而后为之也。诚便真能舍生取义，亦出于计较之私，而无壹实自尽之意矣。"今按：此条辨心与天，极精辟，极超卓。心是吾生吾身之最亲切最具体者，故人之一生最真实者惟此心。一切行为皆由心起，因其自然如此，故谓心亦天耳。人之具此心，即拥有天矣。今人必依西说，分心为情感理智意志三方面，以配合于中国自有之仁智勇三德。然则杀身成仁，岂只为情感方面事。朱子必言心之全德，其实则只此一心而已。中西双方，究孰为识此心体之真。抑且西方对自然界仅信一神，谓惟上帝可以宰制此世界，其他尽可任人驱使，供人利用。中国信多神，自天帝外，地上山川草木亦皆有神，可以影响人生。而认人生则有大生命，即心，普遍相通，流行常在。身为小生命，限于躯体，互不相通，依时死亡，不断变换。而西方人则惟重视其躯体，而主个人主义。双方又谁是谁非，谁得谁失，宁不当续加研寻乎。

吾尝终日不食章。

朱子曰："劳心以必求，不如逊志而自得。思是硬要自去取。学是依本子去做，便要小着心，随顺个事理去做，软着心贴就他去做。"今按：《论语》每学思兼言，而重学更甚于重思。朱子此处把思与学分作软硬来说，思是硬着心要自己来取得。孔子所谓终日不食，终夜不寝，便是硬着心之一例。学是依照前人旧本子，则自要小心随顺，便软着心了。西方人重思尤重于学，即如牛顿，从苹果落地想出地心引力万有引力的理论来，显是只在思，不在学。亦可谓西方人乃即思以为学。而中国人则学以有思。故西方人常见为硬心肠，而中国人则比较是软心肠。文化不同，亦从学与思之一轻一重来。朱子又曰："逊志是卑逊其志，放退一着，宽广以求之，不恁地迫窄，要一思而得。"今按：中国学人先要卑逊其志，要懂退，要懂宽。西方学人则迫窄了，所以成其为专家之学，而又必要自创造自表现。中国则称通儒通学，乃通于师，通于友，非逊志不可。

### （十五）阳货篇

性相近也章。

朱子曰："性即理一语，自孔子后，惟程子言之。

此一语即千万世说性之根基。理者，公共之物，不会不善。”又曰：“孟子未尝言气质之性，程子言之。所以有功于名教者，以其发明气质之性。以气质论，则凡言性不同者，皆冰释矣。”又曰：“气质之说起于程张，有功于圣门，有补于后学。自孔孟后，未尝有人说到此。如诸子说性恶，说善恶混，说三品，亦是。但不曾明其为气质之性耳。孟子说性善，但说得本原处，却不曾说得下面气质之性，所以亦费分疏。程张之说立，则诸子之说泯矣。程子曰，论性不论气，不备。论气不论性，不明。二之，则不是。但言仁义礼智是性，孟子是也。只论气禀，不论一原处，荀杨以下是也。予于太极图解亦云，所谓太极不离乎阴阳而为言，亦不杂乎阴阳而为言。张子曰，形而后有气质之性，善反之，则天地之性存焉。人物得是气质以成形，而其理之在是者，则谓之性。气质有偏正纯驳昏明厚薄之不齐，故性之在是者，其为品亦不一。然其本然之理，则粹然至善而已。”今按：子贡言夫子言性与天道未可得闻，此下遂有孟子主性善，荀子主性恶，及善恶混诸说。程张始言性即理，又分天地之性与气质之性。而朱子谓其源自濂溪《太极图说》，而创为理气论。此为有宋理学家在中国思想史上一大突破。朱子此处言之甚晰。朱子又曰：“性与气皆出于天，如天气之清明阴黯，可见气之美恶。然好者常少，而不好者常多。以一岁言之，晴和而不寒不暖者，能几时。而夏寒冬暖，愆阳伏阴者皆是也。虽一日之间亦然。盖其气错揉万变，不能均平，所以君子常少，而小人常多。又如颜夭而跖寿，尧舜与孔子福寿不同。”今按：如朱子此处，言气即言天，亦可有善有恶，及善恶混之分争矣。西方宗教认为善只在上帝，人世则原始罪恶，故有世界末日之主张。科学哲学全不理会善与恶之争，此是西方人心硬之表现。中国儒家，自孔子以下，大体主张偏向善。即庄老道家言自然，言气不言性，但亦有偏向善之倾向。此为中国人心软之表现。文化不同，本于人性有不同。程朱所言，仍亦无可非也。

惟上知与下愚不移章。

朱子曰：“不必求合，人所言各有地头。孔子说相近至不移，便定是不移。人之气质实有如此者。如何必说道变得，而其所以至此下愚者，便是气质之性。孔子说得都浑成了，程子此段却只说到七分，不说到底。孟子只说得性善，其所言地头各不同。”今按：此言地头不同，略如今人言立场不同。伊川言无不可移，此显与孔子言不合。孟子言人皆可以为尧舜，亦与孔子下愚不移之说不合。朱子则以气质之性来说孔子之不移，然于孟子伊川说皆不置辨，此见中国学者之气象宽厚处。象山阳明皆明言朱子不是。自朱子言之，此亦所言地头之不同矣。朱子又曰：“圣人之言，则曰不移而已，不曰不可移也。程子则曰，以其不肯移，而后不可移耳。盖圣人之言本，但以气质之禀而言其品第，未及乎不肯不可之辨也。程子之言则以人，责其不可移。而徐究其本，则以禀赋甚异而不肯移，非以其禀赋之异而不可移也。”今按：此条又在不移之上加了不可移与不肯移之两项。不可，即孟子之不能。不肯，即孟子之不为。然朱子谓以其禀赋之异而不肯移，则仍依孔子义，仍以气质之性说之。惟其气质之性使其自不肯移，此即下愚之所以不移也。而气质之说则本于程子，朱子之言亦可谓细而和，缓而尽矣。

或问游氏之言曰，夫道未始有名，感于物而出，则善之名立矣。托于物而生，则性之名立矣。善者，性之德。故庄子曰，物得以生谓之德。性者，善之资。故庄子曰，形体保神谓之性。盖道之在天地，则播五行于四时，百物生焉，无非善者无恶也。故曰，继之者善也。道之在人，则出作而入息，渴饮而饥食，无非性者无妄也。故曰，成之者，性也。何也？朱子曰：“道未始有名，善之名立，性之名立，此则老佛之言，而分道与善与性为三物矣。形体保神，各有仪则谓之性，虽出于庄周之言，然所谓仪则者，犹有儒者之意也。今引其言而特遗之，且独以出作入息，饥食渴饮为言，则是所谓性者无复仪则，专以佛者作用是性之言为主矣。是虽欲极其高妙而言，而不知其所指以为性者，反滞于精神魂魄之间也。此近世言性之大弊，学者不可以不辨。且所谓托于物而生者，是又以为先有是物，而性托之以生，如释氏授胎夺阴之说也。”今按：此条朱子又明辨之，力辨之，亦犹孟子之所谓不得已而辨者。游氏亦程门大弟子，朱子极尊二程，而于二程之言多有辨，于其弟子谢杨尹游亦各有辨，会合观之，乃可知中国学者之态度。

礼云礼云章。

或问：诸家言礼以敬，异乎程子，何也？朱子曰：“程子以理言，礼之体也。诸家以人言，礼之用也。”黄榦曰：“今集注与程子说不但敬与序之不同，虽言和则同，而所以为和亦不同。集注之敬与和主人心而言，程子之序与和主事理而言。然有人心之敬与和，则见于事理者，始有序而和矣。”今按：是则朱子释《论语》亦不守程子说，而朱子之重视于心，亦由此可见。故二程始提出理字，而朱子必挽回到心上来。如释仁曰心之德爱之理，是矣。惟象山说心，又过了朱子，则又多病。义理难辨如此。

## （十六）微子篇

殷有三仁章。

朱子曰：“以其皆无私而各当理也。无私，故得心之体而无违。当理，故得心之用而不失。此其所以全心之德，而谓之仁欤。”今按：心，人人有之而相通，不限于身，故言心必言公。若限于其身，则为私心，失其心之体矣。心必见于行，行必见于事，事必当于理。朱子以无私当理两者说心，以为心之全德，则内外交尽矣。朱子又言仁者心之德爱之理，心之德言其无私，爱之理言其当理。食色，性也，人于食色无不爱，然不能无私而当理，则每陷于不仁。故只可说食与色为人心，不可说是仁心。而仁心中亦并不要排除了食与色。程氏谓性即理则可，象山谓心即理则偏了。朱子此条分析得极扼要。

朱子又曰："游氏谓，仁人之用心，惟仁所在则从之。似非知仁之言。仁者，心之德。有是心而不失其德，则谓之仁人。一时如此，一时之仁也。一事如此，一事之仁也。时与事虽有不同，而所谓仁者，则常在此而不在彼也。如游氏说，则人与仁自为二物。人常在此，仁常在彼，而以人往从乎仁也。"今按：今人每连言道德，实则道必本乎德。德乃人心之共有境界与最高自由。孔子七十而从心所欲不逾矩。吾心之自由无不当于人事之准则，斯孔子之所以为圣也。今人言道德则有似于游氏之所云。

柳下惠为士师章。

朱子曰："尹氏曰柳下惠孟子所谓不屑去者也。遗佚而不怨，厄穷而不悯，仕而不喜，黜而不愠，自知其直道而已。愚闻之师，柳下惠之直道，其自知甚审，其自信甚笃，所谓确乎其不可拔者也。盖与尹氏之意同。谢氏曰：用我亦可，舍我亦可，玩世不恭者之所为也。张敬夫谓其曰焉往而不三黜，则亦几于不恭矣。此与谢氏意亦相发。杨氏以孔子无可无不可为近于和，非也。无可者近于清，无不可者近于和，是以孔子之于夷惠，集其大成，而时出之，岂曰无可无不可，而反独近于一偏之和与。盖为是说者，其立心制行有近于柳下之风，故未察乎孔子之言而并以为亦若惠之为也。”今按：此条引尹氏谢氏杨氏，皆程门大弟子。朱子言闻之师，当指其师李延平，则为程门三传弟子。张敬夫则与朱子同辈行。为论柳下惠一人，二程以下积百年来，已有如许意见。若无此如许积累，恐亦出不得朱子。孔子以下，亦积四传而得孟子。中国学术思想之传统有如此。西方哲学乌有此例。是必有其相异所在，亦学者所当深究也。

子路从而后章。

朱子曰：“说圣人无忧世之心固不可，谓圣人视一世未治尝戚戚无聊，亦非也。须看圣人至诚恳切处，及洒然无累处。文中子说，天下皆忧吾独得不忧，天下皆疑吾独得不疑。又曰，穷理尽性吾何疑，乐天知命吾何忧。此说是。”今按：孔子在春秋末，竟何用于世。朱子当南宋中世，亦竟何用于世。今人则谓是中国人不懂得革命，故必待平民造反，世乃得变。文中子生当北朝之末，隋之初，身不见用，隐居著书，乃有此言。亦见中国人心情。似乎今之中国人宜亦有知于此始得，虽不能治，却亦免于乱，以待后起。若必事事而变，恐亦有欲速不达处。

### （十七）子张篇

执德不宏章。

朱子曰："此以人之量言。总群言，该众理，而不自以为博。兼百善，具众美，而不自以为得。知足以周万物，而于天下之事有不深察。才足以济众务，而于天下之事有不屑为。恢恢乎其胸中常若有余地焉。非其量之大，则其执德孰能如是之宽广而不迫哉。易所谓宽以居之，而曾子所谓可以任天下之重者，正谓此耳。其量之小者，一善之得，则先为主，而若不可以有所容。一事之当，则喜自负，而若不可以有所加。小有知，则必欲用其知。小有才，则必欲试其才。所谓执德不弘者，盖如此。虽其所守之固，若不可夺，然亦安能为有无哉。"今按：朱子说《论语》及其说《孟子》《学》《庸》，主要都在发挥此心。而同时象山，尚嫌其未能用力于此心，亦似执德之未弘矣。今则西风方煽，人人以对外面一事一物寻求知识为已尽此心之能事，而弊病丛生，更待执德能弘者来为之作更高之领导与解放。

朱子又曰："义理无穷，心体无限。若信道不笃，则容众太广后，随人走作，反不能守正理。信道笃而不弘，则是确信其一说，而或至于不通。"今按：今之宗教信仰者，每易陷于不通。科学哲学亦多不通。而笃信西方，则必认中国以往为不通。实则仅是中西双方之不相通而已。求其信道笃而执德弘，岂易言哉。

虽小道章。

朱子曰："小者，对大之名。正心修身以治人，道之大者。专一家之业以治于人，道之小者。然皆有用于世而不可无。其始固皆圣人之作，而各有一物之理焉，是以必有可观。然能于此者，或不能于彼，而皆不可以达于君子之大道。是以致远恐泥，而君子不为也。谢氏谓坦途之歧别，是矣。"今按：朱子以农圃医卜之属为小道，而谓固皆圣人之作。中国古史传统固如此。近世西方科学，以中国人观念言，亦皆有用而不可无，亦皆出于圣人，然非大道。而西方则自始即不讲治人之大道，亦可谓至今犹缺。大学中，政治系与化学系会计系等同列，肄业四年即毕业。民主政治仅尚多数，佐以法律，各自自由，非有道可言也。若宗教，则应属异端，非小道。恺撒事恺撒管，政教分，非异端乎。故中西文化相异，实难合而言之。

大德不逾闲章。

朱子曰："大处既是，小处虽未尽善，亦不妨。可也，只是且恁地也得之意。"今按：中国古人，道分大小，德亦分大小。小道君子不为，小德则出入可也。只要择大道行，暂时有小差失，或走不到，尽可且恁地前去。此即义理与功利之辨。若论功利，只要有所成，即认为十分圆满了，则多走小道守小德亦便是。但大成小成之间，则人必有争。实则人世间哪有速成的事。西方人急功近利，但亦功成身退。希腊成了，来罗马。罗马成了，又来北方蛮族。直到当前，仍如此。中国讲大德大道，遂成一大传统。其实亦可谓至今无成，而败乱亦相寻。但只论该如何做而已。

子夏之门人小子章。

朱子曰："洒扫应对，所以习夫形而下之事。精义入神，所以究夫形而上之理。其事之大小固不同，理则未尝有大小而无不在。君子之学不可不由其序，尽夫小者近者而后可以进夫远者大者。无大小，理也。有序，事也。由其序，则事之本末钜细无不各得其理。而理之无大小者，莫不随其所在而无所遗。不由其序，而舍近求远，处下窥高，而理之全体固已亏于切近细微之中矣。洒扫应对是小学事，精义入神是大学事。精究其义以入神，正大学用工以至于极致处也。虽尧舜孔子之圣，其自处亦常在下学处。下学便上达。"今按：《论语》言道有大小，德有大小。朱子此处则言理无大小，但事亦有大小。如洒扫事小，道小德亦小。但处事由人，人之处事之理则无大小也。今人洒扫有自来水，古人不知，今人尽谓是进步了。今人应对可用电话，古人不知，又尽谓是进步了。只在事上讲是如此。但人之处洒扫应对有一心，心对事便有理，此心则尽可无进步，反而退步了。要我来做尧舜，我不能要尧舜来做我。我如此般洒扫应对，尧舜怕也只得如我般洒扫应对。阳明便有如此说话。所以朱子要说理无大小。但人之立志，则立志向上，由我来做尧舜，不该向下自足，却问尧舜如何来做我。所以道有大小，德有大小，终不可以不辨。中国人在做人一套上尽有讲究，所以有此诸说法。西方人则尽在处事上着想，此诸说法便都说不上。

又依朱子此条所辨，形而上即在形而下之中。西方人尽注意在形而下处，因此又要另有一套形而上哲学。中国人则从洒扫应对形而下处，直通到精义入神之形而上处。所以说，理无大小，吾道一以贯之了。

## 《孟子》

### （一）梁惠王篇

孟子见梁惠王章。

朱子曰："程子谓处物为义。扬雄言义以宜之。韩愈言行而宜之之谓义。若只以义为宜，则义有在外意思。须如程子言，则处物者在心，而非外也。"今按：古人言仁义礼智信诸德，宋儒必引而内之，一归其本于心。此理学家之贡献。朱子之尊程亦在此。观此条自显。

齐人伐燕胜之章。

朱子曰："须研究体味，见得圣人之心，脱落自在，无丝毫惹绊处，方见义理之精微，于日用之间，自然得力。所谓知至而意诚也。”今按：此条言为学之要，在见得圣人之心。而义理精微，则即在日用之间。近人则谓穷理必穷之于外，与此心无关。而义理精微则与人生日用毫不相干。知至与意诚又属两回事，说不上一气来。此皆今人意见与前人背驰处。不识得古人意，又如何来遽作批评。

### （二）公孙丑篇

夫子加齐之卿相章。

论告子与孟子不动心之不同。朱子曰：“孟子乃兼贯物我，举天下之言所以失者而知之，是以其心正理明而无疑于天下之故。由是以集义而无不慊于心。告子论性皆率然立论，辞穷即止，无复思惟论辩之意。所谓不得于言，不求于心。而所谓勿求者二，一以为无益有损而不可求，一以为理所必无而不必求。”今按：今日国人多于古人所言义理，置不再求，概不出此二义。

问：持志养气。朱子曰：“持志所以持其内。无暴其气，所以防于外。志正气自完，气完志益正。存养之功无一息之不存。孟子之不动心，知言以开其前，故无所疑。养气以培其后，故无所慑。”问：气之配义与道。朱子曰：“道，体也。义，用也。二者皆理也。形而上者。气，器也。形而下者。以本体言之，有是理然后有是气。而理之所以行，又必因气以为质。以人言之，则必明道集义然后能生浩然之气。而义道又因是气而后得以行。盖三者虽有上下体用之殊，然其浑合而无间，乃如此。”今按：孔子只言道，庄周始言气，以为天地之体。孟子言气，则又与庄周不同。或有闻于庄周之说，而取以加之儒道中。朱子以理气对说，其言理即犹孔孟言道。此处言道体也，气器也，实合先秦儒道两家义而合言之。惟其端已启自易大传与中庸。宋代理学家承而不辨。体用二字连用，始见于晚汉参同契之书，亦道家言。而朱子亦尝致力于此书。象山反朱子，专言心即理，更不言气。后人疑朱子多在此。实则朱子兼采道家义，而更主孔孟，善加发明，后人亦无以上之。如此段说孟子极佳，当细参。

问：气配道义。朱子曰：“有理然后有气，故必明道集义，然后生浩然之气。”今按：庄周言气，理即在气中。《易传》言一阴一阳之谓道，是气即道矣。又必谓易有太极，是生两仪。《周易》六十四卦中，何尝有太极，只有乾坤两仪耳。此乃后增语。濂溪言，无极而太极，则于太极上仍不得不增上一无极字。朱子亦谓理必在气中，然又谓理生气。实则朱子用此理字，即从语孟道字转来。庄周道家重言自然，而孔孟儒义重言人文，惟在人文之上终不得置天地大自然于不问。朱子用心即在此，其思想贡献亦在此。陆王以下，清初王船山晚年思想颇主横渠《正蒙》，反程朱，实亦从庄周来。而必尊横渠，则亦以其尊孔孟，终不得专依庄周为说。

问：程子所谓活泼泼地。朱子曰：“此以形容天理流行自然之妙。盖无所事而忘，则人欲之私。作正焉而助之长，则用心之过，亦不免于人欲之私。故必绝是二者之累，而后天理自然之妙得以流行发见于日用之间。若鸢之飞而戾乎天，鱼之跃而出乎渊。若曾点之浴沂风雩而咏以归。活泼泼地者，盖以俗语明之，取其易知而已。或乃以此语为源于禅学则误。”今按：孔孟只言道，重在人文。而朱子以天理流行自然之妙说之，则重在自然。两者间，语义显有殊。故于鸢飞鱼跃外，只引曾点，而不能引颜渊为例，亦可见其涵义之不能不有殊矣。活泼泼地四字，用来形容天理流行自然之妙则可，用来形容孔子与颜孟之道则似隔一层，有欠贴切。故程朱理学，有些处可谓直得孔孟传统之正，有些处则似夹杂老释，不得不谓是孔孟传统之一支一派，未臻于孔孟大本大源之所在，观此段自显。

问：志至焉，气次焉。朱子曰：“志最紧要，气亦不可缓。持志即是养心，无暴其气只是不纵喜怒哀乐。须事事节约，莫教过当。”今按：此可见《孟子》此章气字，与庄老天地自然之气混言之。

朱子又曰：“配义与道，如人能宏道。若无此气，则道义亦不可见。集义与配义是相向说，初间其气由集义而生，后来道义却须那气相助。论集义所生，则义为主。论配义与道，则气为主。延平先生说，道义与气只是一滚发出来。”今按：依道家言，只一气字便够，不须更添道与义。依儒家言，则必分言道与气。故朱子理气论，虽采道家言，终为儒家传统。今以自然与人文言，道家主自然，少取于人文。儒家则以人文为本，惟谓人文亦出于自然，而又可弘扬自然，但非反抗自然战胜自然之谓耳。

朱子又曰：“孟子之学，盖以穷理集义为始，不动心为效。唯穷理为能知言，唯集义为能养浩然之气。理明而无所疑，气充而无所惧，故能当大任而不动心。考于本章次第可见矣。”今按：如此说本章大义，简当无误。

人皆有不忍人之心章。

朱子曰：“性之德无所不具，总之则惟仁义礼智，而一以包三者仁也。情之所发，无所不通，总之则惟是四端而一以贯三者恻隐也。”又曰：“心统性情，故仁义礼智性也。四端情也。而皆得以心名之。舍心则无以见性，舍性又无以见心。心以性为体。在心曰性，在物曰理。天地以生物为心。天地包得许多气，别无作为，只知生物。亘古亘今，生生不穷。人物得此生物之心以为心，人便是个小胞，天地便是个大胞。天地生人物须是和气方生。人自和气中生，所以有不忍人之心。”朱子又曰：“天地只是一气，便自分阴阳。缘有阴阳二气相感，化生万物，故事物未尝无对。天对地，生对死，语默动静皆然。性是太极浑然之体，其中含具万理，大者有四，命之曰仁义礼智。孔门未尝备言，至孟子始备言之。苟但曰浑然全体，则恐其如无星之秤，无寸之尺，终不足以晓天下。于是别而言之，四端之说于是而立。四端之未发，性虽寂然不动，而其中自有条理，自有间架，不是儱侗都无一物。外边才感，中间便应。赤子入井之事感，则仁之理便应，恻隐之心于是乎形。过庙过朝之事感，则礼之理便应，而恭敬之心于是乎形。由其中间众理浑具，各各分明。故外边所遇，随感而应。四端之发，各有面貌之不同。是以孟子析而为四，以示学者，使知浑然全体之中，而粲然有条若此。则性之善可知矣。而是理之可验，乃依然就他发处验得。性之理虽无形，而端绪之发最可验。故由其恻隐，所以必知其有仁。由其羞恶，必知其有义。使其本无是理于内，则何以有是四端于外。惟其有是四端于外，所以必知有是理于内。孟子言，乃若其情则可以为善。孟子之言性善，亦溯其情而逆知之尔。”又曰：“四端之中仁义是个对立底关键。礼则仁之著，智则义之藏。犹春夏秋冬虽为四时，春夏皆阳之属，秋冬皆阴之属。故立天之道曰阴与阳。立地之道曰柔与刚。立人之道曰仁与义。是知天地之道不两则不能以立。故端虽有四，而立之者则两耳。仁义虽对立而成两，然仁实贯通乎四者之中，故仁者本体。礼，仁之节文。义，仁之断制。智，仁之分别。犹春夏秋冬虽不同，而同出乎春。春则生也。夏则春之长。秋则春之成。冬则春之藏。统之有宗，会之有元。故曰，五行一阴阳，阴阳一太极，是天地之理。仁包四端，而智者四端之末。盖冬者藏也，所以始万物而终万物者也。恻隐羞恶恭敬皆有可为之事，而智则无事可为，但分别其为是为非耳。又三者是一面底道理，而是非则有两面。别其所是，又别其所非，是终始万物之象。故仁为四端之首，智则能成始能成终。盖天地之化不翕聚，则不能发散。仁智交际之间，乃万化之机轴。此理循环不穷，吻合无间。程子所谓动静无端，阴阳无始也。阴阳只一气，阳方长，阴方消，仁义亦然。如人呼吸。人但言孟子有辟杨墨之功，殊不知其就人心上发明，大功如此。”

今按：以上皆朱子发明《孟子》四端一章之义。有值注意者，朱子盛赞《孟子》此章就人心上发明之大功。而朱子毕生功力实亦多在人心上求发明。而其所谓心统性情，心具众理，仁包四德，及其论理与事与气诸端大意，具见于说《孟子》之此章。实可谓朱子未有创说，特于前人陈言作发明，而备受当时以及后世中国学人之崇仰，历七八百年之久而勿衰。以此求之西方之学术思想史，殆难觅其例。此其一。惟朱子解《孟子》此章，似乎或有失于孟子之本意。恻隐之心，仁之端也，孟子本意，似说恻隐之心扩而充之斯为仁。端，是其开端义。亦可谓仁道乃本于人之恻隐之心。而朱子则谓仁者心之德，心体中早有仁，其发露之端倪则为恻隐之心。则仁是本，而恻隐之心成为末。此两义有大不同。故孟子言尽心知性，尽性知天，而朱子则似乎倒转说之，要成为尽性知心才是。此处宜可有大分辨。此其二。朱子又分别仁义礼智之先后次第，配合春夏秋冬四时说之。此则《孟子》书中所未见。《论语》多言仁与礼及仁与智，《孟子》始多言仁与义，朱子说《孟子》此章乃多采阴阳家言。先秦阴阳家始于邹衍，乃本儒家仁义而配合道家言自然。其影响力之大，在西汉时实有胜于孟子。其实《中庸》与《易传》皆杂阴阳家言，而朱子承之，故朱子虽反道家而实多采道家义。至朱子每言心体，此亦孟子乃及先秦儒所不言。体用之说，亦本于道家，而佛家如天台与禅，亦善言心体。朱子兼采佛老以说孔孟，而即以反佛老。此见义理研寻无穷，亦随于时而然，有其不得已与不自觉者。此亦为治中国学术思想史之先后演变所必当辨而不可忽者。此其三。孔子教颜渊以博文约礼，朱子博文工夫似胜于孟子，而其尊颜亦尤甚于尊孟。尝谓颜子细，孟子不免稍粗。于后儒中求博文之功，则朱子当首屈一指。故读朱子《四书集注章句》，必当兼读其《文集》《语类》，乃及其他著作，始见朱子博文之细，与其立说之所以然。

此其四。又其言天对地，生对死，事物未尝无对。又言混然全体，生生不息。及天地之化，不翕聚则不能发散。诸说皆极具深意，兹不一一详申。

又按：朱子此处分别仁义礼智，而言“恻隐羞恶恭敬皆有可为之事，而智则无事可为，但分别其为是为非耳。又三者是一面底道理，而是非则有两面。别其所是，又别其所非，是终始万物之象。故仁为四端之首，智则能成始能成终。仁智交际之间，乃万化之机轴”。此一条以智与仁分别说，谓如天地之一阴一阳，一动一静，故孔子以仁智兼言。孟子四德，始以仁，终以智。西方为学专重智，义与礼皆从智起，但不言仁。朱子谓恻隐羞恶恭敬皆有事为，智但分别是非，乃无事为可言。西方人则一以智作事为之本。凡所事为，皆以供人之欲给人之求。宗教信仰，灵魂死后上天堂，为人生最后一大欲。故其教，只教人爱上帝，不教人爱人类。恺撒事恺撒管，恺撒不仁，耶稣也上了十字架。又专尚智，则只见有是非，而常启争端。乃亦更无恻隐羞恶恭敬可言。大体言之，中国文化仁智兼重，西方则智而不仁。此实研讨人类文化，分别中西双方异同所在者，一大值注意之大纲大目所在矣。

伯夷非其君不事章。

或问：程张皆以为隘与不恭非夷惠之过，乃其流之弊。子说不然，何也。朱子曰：“诸先生意则厚矣，然以孟子言考之，恐其意未必果然。”又曰：“伯夷自有隘处，柳下惠自有不恭处，虽袒裼裸裎于我侧，分明是玩世。”今按：朱子尊程张，而为说异程张者何限。如此条，又是朱子是而程张非之尤易见者。朱子之为功于孔孟，即此可见。此亦其博文之细者。

## （三）滕文公篇

首章。

或问：孟子道性善，而言必称尧舜。朱子曰：“孟子道性善以理言之。称尧舜，质其事以实之。所以互相发也。”又曰：“性命之理若究其所以然，则诚有不易言者。若其大体之已然，则学者固不可以不知。必知此，然后知天理人欲有宾主之分，趋善从恶有顺逆之殊。”今按：性命之理，究其所以然，有不易言者。西方哲学，则正从此等不易言处着力。其大体之已然，则人文历史之学，朱子所谓学者不可不知者，所谓天理人欲有宾主之分，趋善从恶有顺逆之殊，皆从人事之已然处加以分别也。若蔑视于人文历史之已然，而尽在其不易言之所以然处用心，此即子贡所言夫子之文章可得而闻，夫子之言性与天道不可得而闻也。亦即孟子道性善，而言必称尧舜之意也。今人称中国思想近于西方之经验论，实则中国所重非个人经验，而更重于历史经验。个人经验是私的，短暂而狭小。历史经验是公的，广大而悠久。中国人必分别天理与人欲，非本之哲学，乃本之史学耳。朱子此言，大可玩味。

滕文公问为国章。

朱子曰："孟子之言虽推本三代之遗制，然常举其大，而不必尽于其细。师其意，不必泥于其文也。盖其疏通简易，自成一家，乃经论之活法，岂拘儒曲士牵制文义者之所能知。"今按：此乃中国传统义理之学与考据之学之分辨。今人又每以清儒言汉学考据为是，宋理学家言义理为非，斯又失之。理学家亦非不治考据之学，而朱子为独精，其所得有胜于清儒，此不详论。

有为神农之言者章。

或问：许行为神农之言。朱子曰："当时民淳事简，容有如其说者，及乎世变风移，至于唐虞之际，则虽神农复生，亦当随时以立政，而不容固守其旧矣。况许行乃欲以是而行于战国之时乎。"今按：近人多疑中国为守旧。唐何尝守两汉之旧，宋又何尝守唐之旧。稍读史书，秦以下两千年变化何穷。孔孟之书，又何尝有固守其旧之理论可资证引。而如朱子此等言论，亦仅可证近人之不读书而已。

墨者夷之章。

或问：夷之请见，孟子不许。朱子曰："天之生物，有血气者本于父母，无血气者本于根荄，皆出于一。所以为爱有差，此儒者之道。所以亲亲仁民以至于爱物，而无不各得其所也。今夷之乃谓爱无等差，则是不知此身之所从出，而视其父母无以异于路人也。于亲而谓之施，则亦不知爱之所由立矣。”今按：今人于亲，能有施，是亦谓之知爱，亦谓之能孝矣。朱子若在今世发此辨，则可谓不知现代化而背时之甚矣。此孔子所以欲无言也。

景春曰章。

或问：大丈夫之说。朱子曰：“廓然大公，心不狭隘，则所居广。履绳蹈矩，身不苟安，则所立正。秉彝循理，事不苟从，则所行皆大道。得志则出而推此于人，不得志则退而乐此于己。如此则富贵岂能诱而淫其心，贫贱岂能挠而移其志，威武岂能胁而屈其节哉。”又曰：“今日读答景春章，直是痛快。三复令人胸中浩然，如濯江汉而暴秋阳也。”今按：古人读书精神有如此。何所发明，何所讲究，能心领神会，斯知古人读书精神处矣。

### （四）离娄篇

首章。

朱子曰：“我思古人，实获我心，言古人所为适与我相合。只此便是至善。前乎千百世之已往，后乎千百世之未来，只是此个道理。孟子所谓得志行乎中国，若合符节，正谓此尔。”今按：此条言之极直率，亦极亲切。中国人历代尊孔子正以此。今则无可辨，亦不胜辨。人心已变，读孔孟乃及看朱子此等语，皆觉于心不合，则又何从辨起。古人言正人心，又从何正起。近人又言复兴文化，恐人心仍是其中最大一问题。

大人者不失其赤子之心章。

朱子曰："大人之心，无所不知，无所不能。赤子之心全无所知，全无所能。但大人之所以为大人，却缘他存得那赤子之心。而今不可将大人之心只作通达万变，赤子作纯一无伪。盖大人之心通达万变，而纯一无伪。赤子之心，未有所知，而纯一无伪。着个不失字，便是不同处。"今按：朱子只就《孟子》本文说孟子本意，只用不失字便是不同处，何等简净，何等明白。则大人之不同于赤子，只在其知上。今人看不起中国古人所谓之学问，认为只是寻求知识。又为寻求知识把自己本来面目全忘失了，此则两失之。

博学而详说之章。

朱子曰："博者，所以极夫理之散殊。约则举是散殊之理而一贯之。是以既博学之，又详说之，而卒有以会于约。所谓博且详者，固未尝出于约之外。而所谓约，于其博且详者又未尝有所遗也。"今按：朱子此处说博约，精辟绝伦。约非博中一物，亦非博外一物。博未尝出于约，而约亦未尝遗其博。今世之学，各自先守一约，所谓专家。而约与约，专与专，又各不相通，而共同成为一智识爆破之时代，亦可谓既博学之，亦详说之矣。但又安得另有一约者来贯通此诸博且详者乎。此诚今世学术界一大主题，亦一大难题也。

### （五）万章篇

人有言至于禹而德衰章。

朱子曰："魏惠襄哀之年，见于竹书，明甚。史记盖失其实。邵子之书乃从史记，而不取竹书，又安在其能不误耶。"今按：此条见《语类》陈文蔚所录。司马温公《资治通鉴》始疑及梁惠襄年。余初谓，此后顾亭林《日知录》始再及之。余年三十左右，始因《史记》此失，详为考订，成《先秦诸子系年》一书。然初不知亭林前朱子已先及之。及晚年草为《朱子新学案》，自谓尝博稽朱子诸书，顾于此一节仍未知之。乃于论朱子精考据工夫一方面，亦未提及。今八十七岁矣，乃始注意及此条，则余往年之读书疏忽，岂不昭然，诚足以自惭。而前贤之为学精详，实有其不可骤企者。即此小节，亦可见矣。一事考据尚如此，何论义理之大乎。读者诚当虚心平气求之，乃庶有得耳。

### （六）告子篇

生之谓性章。

朱子曰："告子不知理之为性，乃即人之身而指其能知觉运动者以当之，所谓生者是也。其以食色为言，盖犹生之云尔。生之谓气，生之理谓性。知觉正是气之虚灵处，与形器渣滓正作对。近世佛氏说，如何是佛，见性成佛。如何是性，作用是性。盖谓目之视，耳之听，手之提执，足之运奔，皆性也。此形而下者，人物同。集注谓以气言之，则人与物初不异。以理言之，则仁义礼智之禀，岂物之所得而全哉。”又曰：“论万物之一原，则理同而气异。观万物之异体，则气相近而理绝不同。气之异者，粹驳之不齐。理之异者，偏全之或异。”今按：上引具见朱子论性要旨，端在分辨出人与禽兽之相异处。若谓生之谓性，谓食色性也，谓知觉作用是性，则人与禽兽同属有生，无大异。近代西方生物学家正把人与禽兽作同一研究，其心理学家亦常把禽兽如小白兔洋老鼠之类来研究人心。自朱子言之，此皆属气一边事，可谓是生之能，不可谓是生之理。如今人发明原子能，不可谓其无作用，亦不可谓其无能，抑不得谓其无理。原子能可以大量杀人，自可谓其有大量杀人之理。然自人生界言之，则大量杀人终当谓之非理。今朱子言生之理谓性，则人生之理乃得谓之人性，而仁义礼智则正是人生之理所在，故亦谓之是人性之正。张横渠言，学者先须立人之性，学所以学为人也。其实孟子主张人性善，亦正为教人做人耳。若必脱离了人生界来在自然界中论性论理，辨善辨恶，漫无标准，而欲求一纯客观之发现，则恐议论蜂起，非孟子及横渠朱子此上所论所能限，此实为一绝大异见，而终难定于一矣。

食色性也章。

朱子曰："饮食男女固出于性，然告子以生为性，则以性为止于是矣。因此又生仁内义外之说，正与佛者言以作用为性义理为障者相类。孟子不攻其食色之云，使彼知义之非外，则性之不止于食色，其有以察之矣。"今按：此条即上引所谓偏全之异也。人苟知仁义之同为性，则以食色为性亦无害。又何尝要摒弃食色以见人性哉。窃谓朱子此一辨，亦可谓于发明孟子论性善有大功。至于仁义，则仅出于不忍人之心，恻隐之心，羞恶之心，亦皆无其他作用意在内。性非作用，亦即理非作用，此一义大值阐详。

公都子曰告子曰章。

朱子曰："性之本体，理而已。情则性之动而有为，才则性之具而能为者。性无形象声臭之可形容，故孟子以情与才二者言之，诚知二者之本善，则性之为善必矣。"今按：中国人每以情理并言，曰人情天理，又曰合情合理。西方哲学绝不言及情，惟曰理智。情与理分，自当与中国观念大不同。至于才，则西方亦极重视。然西方人又不以才与性并言，乃惟以能标新立异争强取胜者为才。中国人言才，则贵其归于中和，斯又大异矣。

朱子曰："周子出，始复推明太极阴阳五行之说，以明人物之生，其性则同，而气质之所从来，其变化错揉有如此之不齐。至于程子始明性之为理，而与张子皆有气质之说，然后性之为善无害于气质之有不善，气质之不善终亦不能乱性之必为善也。此其有功于圣门，而惠于后学也厚矣。道学不明，异端竞起，时变事异不得不然也。”今按：据此则濂溪二程横渠所言，乃多孔孟所未言者，朱子早已知之。谓其时变事异，有功圣门。治中国学术思想史者，于朱子此言，当加深思，不得专以辨同异为务。

朱子又曰：“荀扬韩氏之说，是皆不知性之为理，而以气为性者。独韩子以仁义礼智信为言，则固已优于二子。”今按：以仁义礼智信言性，最先始于韩退之。有宋理学家，少推尊及退之。及元初黄东发以朱学大儒，乃始推尊及退之。治中国学术思想史者，亦不当不知。

牛山之木尝美矣章。

或问：程子曰夜气之所存，良知良能也，何也。朱子曰：“程子意深约，予初读之，未觉其然。后因讽诵孟子本文，忽悟其意。然后求于程子之说，乃若有契于予心者。虽由予之愚暗，然亦可见读书之不可不熟，而前贤之说，其微辞奥义，又非一见之所能窥也。”今按：朱子此处，本程子语解释《孟子》文极长，不具引，姑以私意言之。夜气之所存，早昼又梏而亡之。据文义，所存不指夜气，应指心。心无存亡，故程子谓所指乃是心之良知良能。朱子又易以良心二字，谓早昼为物欲所诱，故失之。则以《孟子》本书，梏字可以推想。惟朱子谓读书不可不熟，前贤之微辞奥义，非一见之所能窥，则有深值今日我人之注意。今日我人晨起披阅报章，不啻即十万二十万字过目。又浏览新出版杂志杂书，亦只过目而已。其有关学术思想者，大抵不到万字即成一篇，数万字以上乃成一书。而中国古书则或几句成一章，或几章成一篇。所谓微辞奥旨，心习已成，哪肯反复玩诵，继以深思。惟求一窥而得，则宜其格格不相入矣。

朱子又曰："心体固本静，然亦不能不动。其用固本善，然亦能流而入于不善。其动而流于不善者，固不可谓心体之本然，然亦不可不谓之心也。"又曰："心之体用始终，虽有真妄邪正之分，其实莫非神明不测之妙。虽皆神明不测之妙，而其真妄邪正又不可不分耳。"今按：古人仅言心，朱子则常言心体。用了心体二字，于古书中许多话可解释得更清楚更明白。既言心体，乃又言心之体用，此又古人所未及。然用了心体二字，实与古人仅言心字涵义有不同。如失了心体本然，仍不可不谓之心。既言心体本然，则又有始终之辨，此又非孔孟所及。今人必谓中国思想只守旧，无开新，固未是。又分理学与孔门截然为两派思想，则亦未是。其谓心之体用始终，有真妄邪正之分，莫非神明不测之妙，而真妄邪正又不可不分。此即事物必有对，而又是浑然一体。其义深妙，宜细参。

仁，人心也章。

朱子曰：“孟子说，学问之道无他，求其放心而已矣。此最为学者第一义。故程子曰，圣贤千言万语，只是欲人将已放之心约之使反复入身来，自能寻向上去。昨因病兀坐存息，遂觉有进步处。大抵人心流滥四极，何有定止。一日十二时中，有几时在躯壳内。与其四散闲走无所归着，何不收拾令在腔子中。且今纵其营营思虑，假饶求有所得。譬如无家之商，四方营求，得钱虽多，若无处安顿，亦是徒费心力。”又曰：“上有学问二字在，不只是求放心便休。”今按：放其心不从事于学问者，今不论。如今西方人从事学问，尽向外求，亦可谓只是放心。如牛顿见苹果落地，研究出万有引力的大道理来。但其养大小两猫，特于书室墙上开大小两洞，使其出入。其实只开一洞，容得大猫出入，小猫亦得在此洞出入，奈何牛顿并此不知。只得谓其心已全放在苹果落地一事上去了。牛顿为人，并无大差处，殆因其乃一宗教信徒之故。然而人人之聪明智慧尽如此不收拾，放了，人间修齐治平之大道无人理会，终是有失。如生物学家，不知费了几多心力来研究一应生物，如乌鸦，如白鼠，如海底鱼类，一切一切，或白鼠与人生关系较切，然凡生物家，乃及其他学者，各穷其毕生之力，在一专门目标上作研寻，终亦不得不谓之乃放心。即如西方资本家，岂不是四方营求，得钱虽多，而无处安顿。因其心不在家上，永不得一好家庭可使安心，遂尽放心在营求财富上去求心安。但整个人心流滥四极，何有定止，正如朱子之言。所以《孟子》此章自今人视之，若嫌迂腐，但实仍有讨论之价值。

朱子又曰："有是四端于我，知皆扩而充之。人之一心，在外者要收入来，在内者又要推出去。孟子一书，皆是此意。"又曰："世间只有个开阖内外。"今按：如此，则朱子意，《孟子》一书主要即在讨论此心之开阖内外而已。然否，须学者自向己身体会，却不要作一哲学问题放心向外去讨论。

## （七）尽心篇

首章。

朱子曰："尽其心者，只为知其性。此句文势与得其民者得其心也相似。若未知性而径欲尽心，则悬空无下手处。"今按：《孟子》本文，尽心知性知天，分明作三阶层。若谓知性则尽心知天，与《孟子》原意不合。朱子此章误解，余已说之在上引心有四端一章中。又朱子谓此章所谓尽心乃物格知至之事，语亦欠明。恐孟子所谓尽性，只如四端之扩而充之，则为仁义礼智，只就此心在每一事之运用上言，此乃下学事。朱子则谓仁义礼智藏于心，微露其端为恻隐羞恶等，乃就无所不统之心体言，故必知性乃可尽心，此乃上达事。孟子意，则即此四端尽之，乃可知性。此乃下学而上达。朱子说此章，则成为上达而下学了。大抵朱子差处，在每言心体，故于此章又言心体无所不统，则奈何而尽之。故必自知性，始可下手。又谓尽者无余之义。实则尽即是扩而充之，即是下功夫处。朱子在此大题目上讲差了，但其讲《孟子》他章，实在头头是道，多发前人所未发。何以得如此，亦宜加细参。

朱子又曰："无极而太极，不是有个物事光辉地在那里，只是说这理当初皆无一物，只是有此理而已。既有此理，便有此气。既有此气，便有阴阳以生许多物事。而今看他这物事，这机关，一下拨转便拦他不住。所以圣贤兢兢业业，临深履薄，至死而后知免。大化恁地流行，只得随他恁地。故曰，存心养性，所以事天。夭寿不贰，修身以俟，所以立命。"今按：此一段说理与气，天与人，性与命，大意已极明白。盈天地只一气，而此一气却具万变，其变而异处，则见理。但不能只说理在气中。且问气从何来，则仍不能不说理生气。而此理则实是一虚的。所谓天，实即是此虚，而人则只是气中一物。在气则曰理，赋予人与物则曰性，故曰性即理而命于天。大体朱子语是如此，只未讲到一心字。朱子意，性属理，心属气，则性即由心而见，而心则必从性而来。孟子说尽心知性，即是《大学》格物致知。《大学》所致之，即是明德，即是性。朱子误解孟子尽心知性语，亦即此可见。

朱子又曰："由太虚有天之名，只是据理而言。由气化有道之名，由气之化各有生长消息底道理，故有道之名。既已成物，物各有理，故合虚与气有性之名。"今按：程子提出性即理也一语，而朱子承之。理在气中，而虚无一物。则此处谓合虚与气有性之名，实与性即理语无差别，但读者骤见此语，则易滋别解。此语出《语类》，《语类》乃历数十年由朱子各门人分别记其所闻，其间容有出入，故治朱子学者不宜忽《语类》，但亦须善读，不容粗心，亦不宜逐句拘守。又按：朱子屡言心属气，则尽心知性，乃由知气以达于兼知其气与虚之境，不得谓先知气与虚，始知气。朱子误解尽心知性语，亦由此可见。

万物皆备于我章。

或问：万物皆备。朱子曰："万物之生，同乎一本，其所以生此一物者，即其所以生万物之理。故一物之中，莫不有万物之理焉。所谓万物皆备，亦曰有其理而已。"今按：天生万物，可谓万物身上各得了一分天，亦可谓各具一分理，但不得谓是天与理之全。此段谓一物之中，莫不有万物之理，似语意未净。今西方生物学家有专门研究乌鸦者，岂得谓在乌鸦身上已尽备了天生万物之理。惟人为万物之灵，其中大圣贤，或可谓天生德于予，且上达天德，然仍难以一身备万物之理。此处程子谓万物是物，横渠讲万物是事。仁义礼智是事中最大者，天理主要在此。孔子曰："天下归仁。"亦可谓万物莫不在我心之仁之中。余又尝引"天生蒸民有物有则"之诗，谓物字亦如法则，乃指人生中一切行为标准言。谓其皆备于我，此即孔子天生德于予之意，亦即孟子言性善之旨也。然此仍从人文立场中之一身言，不涉大自然之全体。佛老都从天地大自然立论，宋代理学尊孔孟乃亦不得不兼人文自然而言之。孟子万物皆备于我之说，已成中国社会一成语，然其义则还值细参，还值发明。总之，中国人从和合处讲去，西方人从分别处讲去。如耶教讲灵魂降谪为人类，死后灵魂仍归天堂，则灵魂与灵魂各自分别，灵魂与天帝更有分别，乌得有万物皆备于我之想。

行之而不著焉章。

朱子曰："行之不著，习矣不察，如今人又不如此。不曾去行，便要说著。不曾去习，便要说察。可与共学，未可与适道。今人未曾理会可与共学，便要适道。"今按：不仅儒家，即老释异端，凡论道运思，莫不先之以躬行时习。朱子慨言今人不如此。至近代而言，更不如此。思想不依于行习，适道不待于共学，成了另一套，而争相辩论，岂不如一场儿戏。

霸者之民章。

朱子曰："所过者化，人化也。所存者神，事之成就如神也。"今按：我所过而人自化，此事不易。

西方人则惟尚法律，禁止人，但亦像似所过者化。如行资本主义，则举世争富。行帝国主义，而举世争强。岂不所过者化乎。而所存者神，则更难。中国自尧舜禹汤文武周公孔子，乃至孟子以下，迄于程朱理学家，皆有其所存。亦莫不其化如神。此所以有中国五千年来之文化传统。而西方文化，则事过即已。如希腊，如罗马，如近世之英法，皆一世之强，而事过则所存无几。恐当代美苏两强亦难不步希腊罗马英法之前尘而独能长有其所存。而所存犹能如神之能化。然则西方文化惟有求变求新之一途，后来者亦惟有变美苏以自新，而终亦不能长此以不变。中国人言变化神通，变而能化，通能如神，斯则庶矣。今人仅知言变言新，而中国古人则言神言化。至言大自然，亦可谓尽在神化一境中。惟西方科学家则亦仅言变言新，不知自然之能神能化。学者岂可不深思。

圣人百世之师章。

或问：孟子学孔子，乃屡称夷惠，而深叹仰之，何也。朱子曰："夷惠之行高矣，然偏胜而易能，有迹而易见。且世人之贪懦鄙薄者众，一闻其风而兴起焉，则其为效也速，而所及者广。若孔子之道，则广大而中正，浑然而无迹，非深于道者不能庶几其万一。孟子屡称夷惠，而不及孔子，其意殆以此耶。"今按：偏胜易能，有迹易见两语，以之形容西方文化适亦相符。而今日谈中国文化者，亦仅知一孔子而已。则中西文化何从相比。窃意，欲谈中国文化，不如择其稍偏而有迹者。如文学于人最易兴起，幼童初入学，即可诵读《唐诗三百首》，次读《古文观止》，其次略知历史经过可读《纲鉴易知录》。如进而研究儒家思想，则先治王阳明，其龙场驿之经过，其《传习录》之提示，皆易感动，易启发。如此之类，亦因孟子屡称夷惠之意而变通用之。或亦有迪世诱俗之微效。若欲提倡中国文化而必高论孔学妙义，则恐转非急务耳。

## 《中庸》

《中庸章句》序。

朱子曰："道心者，人心之理。危是危险，欲陷未陷之辞。若以人心为全不好，则必使人去之。今止言危，盖谓不可据以为安耳。此陆子静之说，亦是。若夫道心，则有安而无倾，有准的而可凭据也。"今按：此分道心人心极明白易晓。心只是一个心。果无人心，则何来有道心。道心即是人心中之理，即人心而合理者。其实人生一切理全从心出，故曰心即理。至安危之别，亦此心自知，是即心即理之真凭实据矣。何须更有外加之探索乎。

朱子又曰："所觉者心之理，能觉者气之灵。"又曰："粗者易见，饥渴寒煖，至愚之人亦知之。稍精如利害，则禽兽已有不能知者。若义理则愈难知。"

今按：饥渴寒煖虽至粗，亦有理存焉。禽兽有不能知利害，人有不能知义理。惟知义理者，终属人。故曰，人为万物之灵。今人多言心灵，乃指心之能言。心有是能，而不辨义理，则良足愧矣。

朱子又曰："明道说道理，一看便好，愈看愈好。伊川犹不无难明处，然愈看亦愈好。谢氏过高，多说人行不得底言。杨氏好援引，颇浅狭。尹氏主敬，亦多近理。以某观之，二先生衣钵，似无传之者。"今按：朱子极尊二程，然谓伊川不无难明处。则是二程言语亦有不同，然朱子同样推尊，同样说其愈看愈好。即伊川言有异其兄明道处，亦何尝不推尊其兄。谢杨尹三家，朱子皆不谓其能传二程之衣钵，道统之严有如此。即朱子门人，据《语类》考之，多达百人，然谁为群认得朱子衣钵之传者。上推言之，公孙丑万章之徒，皆不得认为传孟子之衣钵。孔门七十弟子，惟颜渊乃群认为能传孔子，然先孔子而卒。其他亦率不认为能传孔子之衣钵。中国文化大传统，自孔子以下两千五百年迄今，可谓历代有传。然每一大师出，亦可谓每不易得其衣钵之传。此一层大可细说。

## 篇　目

问：以不偏不倚无过不及说中，乃是精密切至之语。而以平常说庸，疑其不相黏着。朱子曰："此其所以黏着，处得极精密，只是如此平常。凡事无不相反以相成。中庸只是一事，就那头看是中，就这头看是庸。中庸始合为一理。”今按：中庸二字连言，在中国已成一俗话。但却是极相反对之两面，结合在一起。极精密始能极平常，极平常始是极精密。而西方人则必把此分两截。学术探讨尽向精密处钻，必求其不平常。人事行为则尽平常，却不精密。中国文化传统则只在寻求一中庸之道来，使相对双方混成一体。此其所以异。

## 《中庸章句》上

首章。

朱子曰：“循万物自然之性之谓道。若谓以人循之而后谓之道，则人未循之前，谓之非道，可乎。”今按：孔孟言道，率本人文立场。即《中庸》言率性之谓道，显指人文方面之率性言。今朱子改说成循万物自然之性，则乃万物自然率性，不专指人言。此所谓道，乃杂庄老道家，又羼进了自然立场。宋代理学家与先秦儒有相异处，主要在此。《中庸》一书本杂道家义，而朱子此条说得更过。治中国思想史者，于此当有辨。然论其大传统，则程朱实仍孔孟，不得谓其有标新立异、自创一说之心。

朱子又曰：“道只是性之分别处。道与性字其实无甚异，但性是浑然全体，道字便有条理分别之殊耳。”今按：此处谓性是浑然全体，乃从程氏性即理也一语来。古人解性字皆不如此说。今就程朱语以今语说之，则性是一大自然，而道则是大自然中万物各殊的分别了。此恐决非《中庸》书中之本意。

朱子又曰："道不可须臾离，当参之于不可离不能离之间。"今按：道不可须臾离，乃警戒人戒慎不睹，恐惧不闻。不可离即是不该离不当离之意。何以又却说不能离，此又杂道家义。人生即沉浸在大道中，虽欲离却离不去。此显与儒家义有不同。

朱子又曰："如曰道在瓦砾，便不成不在金玉。"今按：道在瓦砾，又在金玉，即道是一自然大全体，无所不在，无法脱离它，即不能离也。此是道家义。但朱子此处语，亦可谓正在驳道家。依道家言之，原始人类始合道，进入人文始有尧舜出来，便离道非道了。儒家则正要教人由瓦砾转成为金玉，则金玉始是道，而瓦砾非道。惟朱子意，则瓦砾金玉皆有性，是一浑然全体，瓦砾与金玉只在此全体中有分别。故道在瓦砾，亦在金玉。此则与先秦儒家义终不全同。

朱子又曰："道不可须臾离，言道之至广至大者。莫见乎隐，莫显乎微，言道之至精至极者。"今按：道至广至大，乃不能离，此属道家义。儒家言道至严至切，故不可离也。至于莫见乎隐，莫显于微，乃指人之修为言。在其隐微处更易显见出来，故更须戒惧也。今谓道之至精至极，故能见乎隐显乎微，此则道家末之言，朱子乃牵拉于《中庸》之言，而勉强言之耳。

《中庸》本系一晚出书，与《易大传》同为羼杂道家言而成。朱子解释四书，亦独于《中庸》语多出入。如上引言性与道，皆指宇宙大全体言，与《中庸》显不同，然亦不得不说是理学思想之更较先秦进一步处。

朱子又曰："余早从延平先生学，受《中庸》之书，求喜怒哀乐未发之旨未达，而先生没。余窃自悼其不敏，若穷人之无归。闻张钦夫得衡山胡氏学，则往从而问焉。钦夫告余以所闻，余亦未之省也。退而沉思，殆忘寝食。一日，喟然叹曰，人自婴儿以至老死，虽语默动静之不同，然其大体莫非已发。特其未发者为未尝发耳。自此不复有疑，以为中庸之旨，果不外乎此矣。后得胡氏书，有与曾吉父论未发之旨者。其论适又与余意合，用是益自信。虽程子之言有不合者，亦直以为少作失传而不之信也。然闲以语人，则未见有能深领会者。乾道己丑之春，为友人蔡季通言之，问辨之际，余忽自疑。斯理虽吾之所默识，然亦未有不可以告人者。今析之如此其纷纠而难明也，听之如此其冥迷而难喻也，意者乾坤易简之理，人心之所同然，殆不如是。而程子之言出其门人高弟之手，亦不应一切谬误以至于此。则予之所自信者，无乃反自误乎。则复取程氏书，虚心平气而徐读之，未及数行，冻解冰释，然后知性情之本然，圣贤之微旨，其平正明白乃如此。而前日读之不详，妄生穿穴，凡所辛苦而仅得之者，适足以自误而已。至于推类究极，反求诸身，则又见其为害之大。盖不但多言之失而已也。于是又窃自惧，亟以书报钦夫，及尝同为此论者。惟钦夫复书，深以为然。其余则或信或疑，至于今累年而未定也。夫忽近求远，厌常喜新，其弊乃至于此，可不戒哉。壬辰八月丁酉朔，朱仲晦。”今按：朱子为学大要集中偏重于其自己日常生活之心地工夫上，即此篇可见。此即朱子为学确属儒家传统一明例，不得以其言论中偶有羼杂进道家言，而骤谓不同于儒家大统也。《中庸》之书，朱子早年即受之于李延平，而对于喜怒哀乐之未发已发一问题，中间屡经曲折，直至其与蔡季通言，则已达四十之年。而此文则在朱子之四十九年，其往复于心中，相互讨论于师友之间，可谓已迄于其晚岁而始定。则其辛苦体会，反复疑信之过程，此乃一代大贤自己亲自叙述之一具体实例，尤当为有志儒学者所注意，故详引之如上。惟犹有一层当明辨者。《中庸》言喜怒哀乐之未发与已发，主要限于喜怒哀乐之情感方面。而程朱所思索讨论者，似乎乃属心之未发与已发。此两层似有不同。不可谓心体只限于喜怒哀乐，则程朱所提，似当属另一问题，与《中庸》有不同。或可谓，心之未发已发，问题更广大，更深微。然先秦儒未尝及此，则亦显然矣。此又宋代理学家与先秦儒一相歧处，治中国思想史者当注意也。

朱子又曰：“通天下只是一个天机活物，流行发用，无间容息。据其已发者而指其未发者，则已发者人之一心。而凡未发者，皆其性也。亦无一物而不备矣。岂别有一物拘于一时，限于一处，而名之哉。即夫日用之间，浑然全体，如川流之不息，天运之不穷耳。此所以体用精粗，动静本末，洞然无一毫之间，而鸢飞鱼跃，触处朗然也。存者存此。养者养此。必有事焉而勿正勿忘勿助长也。从前是做多少安排，无顿着处。今觉得如水到船浮，解缆正舵，而沿洄上下，惟意所适矣。岂不易哉。始信明道所谓未尝致纤毫之力者，真不浪语。而此一段事，程门先达，惟上蔡谢公所见透彻无隔碍处。自余虽不敢妄议，然味其言，亦可见矣。又曰，只一念间，已具此体用。发者方往，而未发者方来，了无间断隔截处。夫岂别有物可指而名之哉。龟山谓学者于喜怒哀乐未发之际，以心验之，则中之体自见，未为尽善。大抵此事浑然无分段时节先后之可言。今著一际字，便是病痛。熟玩中庸，只消着一未字，便是活处。此岂有一息停住时耶。只是来得无穷，便常有个未发底耳。若无此物，则天命有已时，生物有尽处，气化断绝，有古无今久矣。此所谓天下之大本。若不真的见得，亦无揣摸处也。”今按：上引乃朱子四十八岁前，对此问题之旧意见。其所谓未发，乃指宇宙大自然之浑然全体。以西方哲学用语言之，则乃自然哲学中之形上学语。孔孟立言，乃全从人文事为方面着想，何曾注意及此。

杨龟山语，至少当与《中庸》原意相近。程朱均先涉猎于老释，惟遇说孔孟语，限于文字，少能涉及此等处。而遇说《中庸》，则未免多出入。惟朱子亦知之，故依时代先后，朱子意四书当以《论语》《大学》《中庸》《孟子》为序。而朱子教人读此四书，则先《大学》，次《论》《孟》，最后始及《中庸》。而又以《中庸》为最难读。则朱子心中，亦早存《中庸》与《论》《孟》有不同处之一观念存在矣。惟《中庸》原书，与朱子所说仍有隔别，则朱子似因精思而转失之矣。

朱子又曰："中庸未发已发之义，前此认得此心流行之体。又因程子凡言心者皆指已发而言，遂目心为已发，性为未发。然观程子之书，多所不合。因复思之，乃知前说非惟心性之名命之不当，而日用工夫，全无本领。盖所失者，不但文义之间而已。接文集遗书诸说，似皆以思虑未萌，事物未至之时为喜怒哀乐之未发。当此之时，即是此心寂然不动之体，而天命之性，当体具焉。以其不偏不倚，故谓之中。及其感而遂通天下之故，则喜怒哀乐之性发焉，而心之用可见。以其无不中节，无所乖戾，故谓之和。此则人心之正，而性情之德然也。然未发之前，不可寻觅。已觉之后，不容安排。但平日庄敬涵养之功至，而无人欲之私以乱之，则其未发也，镜明水止，而其发无不中节矣。此是日用本领工夫。至于随事省察，即物推明，亦必以是为本，而于已发之际观之，则其具于未发之前者，固可默识。向来讲论思索，直以心为已发，而日用工夫亦止以察识端倪为最初下手处。以故阙却平日涵养工夫，使人胸中扰扰无深潜纯一之味。而其发之言语事为之间，亦常急迫浮露，无复雍容深厚之风。盖所见一差，其害乃至于此，不可以不审也。”今按：上引乃朱子四十八岁后所悟之新说也。所论察识与涵养工夫之一节话，诚湛然儒者之言也。朱子论观程子语不当专守一说，当据其文集遗书而细求之。其实读朱子书，亦何不然。亦当会通其《文集》《语类》与诸书而细求之。因朱子为学，只是博文约礼。知道些前人底，而于己奉行有准则而已。其己所立言，一须向上推求，通读《论语》二十篇，始可见朱子所窥之孔子意。通读《孟子》七篇，始可见朱子所窥之孟子意。通读《近思录》一书，可见朱子所窥之周张二程四家意。述而不作，信而好古，孔子以下中国学人率如此。而朱子尤为杰出。亦有朱子一己之会通发明处。即如此精要一编，上起朱子五十以前，下迄朱子七十以后，历时已近三十年之久，其门人弟子记录师语者，收于斯编，亦逾六十人以上。此皆因时因地因人因事而发，非如西方哲学家，先选定一论题，专意撰为一书，自抒己见。一若专为备人之反对攻击，而必求自圆其说。中国惟《庄子》七篇，《老子》上下篇，谢绝人事，一心撰著，稍近其例。荀韩诸家，仍是分题立说。吕览淮南，乃集宾客成书。求其一人撰一书，期成一家者，为例不多。此又中国与西方学术相异一显例也。

## 《中庸章句》下

十二章。

问：旧说谓程子引必有事焉与活泼泼地两语，皆是指其实体而形容其流行发见无所滞碍倚着之意。今说则谓必有事焉，乃指此心之存主处。道之体用，流行发见，虽无间息，然在人而见诸日用者，初不外乎此心。故必此心之存，然后方见得其全体呈露，妙用显行，活泼泼地。朱子曰："旧说固好。今说若见得破，则即此须臾之顷，此体便已洞然，可更猛着精彩。稍似迟慢，便蹉过。"今按：朱子旧说引程氏以必有事焉谓形容道体流行之妙，而朱子以后则挽到日用心地工夫上来，与上引解已发未发甚有近似处。此见宋儒理学与先秦儒着重点微有歧异，而朱子说四书义为功之大，亦由此而见。朱子本由二程而专精论孟与学庸，但其集注与章句则不采程说者极多，苟能一一汇集，比较以观，亦于理学演进先后不同处有所窥见。然而此非要事，并恐有要不得处。求其大，勿务其小可矣。朱子又曰："注中文义已分晓，恐人容易领略便过，故又引此语使读者更加涵泳。又恐枝叶太盛，则人不复知学有本根，妄意穿穴，别生病痛。故引而不尽，使读者但知此意，而别无走作。则只得将训诂就本文上致思，自然不起狂妄意思。”今按：朱子此段话，更值留心。便知读朱子《四书集注章句》大不易，而为学之精要处亦在是矣。清儒又以训诂明而后义理明来批评朱子，不知朱子正在训诂上用功，其精到处，则又远非清儒所能窥也。

二十二章。

朱子曰：“赞天地之化育，人在天地中间，虽只是一理，然天人所为各有分。人做得底，却有天做不得底。如天能生物，耕种必在人。水能润物，而灌溉必用人。火能熯物，而薪爨必用人。财成辅相，须是人做，非赞助而何。”今按：近代西方科学发明，何尝不是可以赞天地之化育。然而过了分，要反抗自然，战胜自然，不是要赞助自然。而且用意在杀伐斗争上，不用意在化育上，则与中国人传统意见相距实远。若要把科学发明转用到赞天地之化育上来，这还需其他方面用力，不得专责备科学家。

二十三章。

朱子曰：“曲能有诚，犹言曲处能尽其诚。”今按：《中庸》诚字以表天，以表大自然之全实体。曲则只是一片段，一枝节。朱子此解极简，但已进入极深处。此非训诂，乃文义。可知读书难，注书亦不易。轻心掉之，则无自而入矣。

二十五章。

朱子曰：“诚者，物之终始。凡一物，其成必有所始，其坏必有所终。所以始者，实理之至。所以终者，实理之尽。若无是理，则亦无是物矣。人心不诚，则虽有所为皆如无有。自始至终，皆无诚心，则彻头彻尾，皆为虚伪。又岂有物之可言哉。”今按：《中庸》用一诚字来说天，说自然万物，把庄老道家义毫不用力地轻轻挽回到儒家路线上来。此非具大聪明人不可。但《中庸》作者姓名已不可考。即如《老子》五千言，亦难考其作者之详。此等处。皆足为中国人具无上聪明作证。而朱子说《中庸》，每每只照《中庸》原意加些敷衍，不再多加申说，亦非大聪明不可。此即孔子之所谓述而不作也。

二十七章。

朱子曰：“广大似所谓理一，精微似所谓分殊。立心超乎万物之表，而不为物所累，是高明。及行事则恁地细密，无过不及，是中庸。所谓明哲者，只是晓天下事理，顺理而行，自然灾害不及其身。今人以邪心读诗，谓明哲是见几知微，先去占便宜。”今按：此等解说何其简单明白。只其解说语，即是绝大义理所在。但中国人多喜欢说前人如此说，不喜欢说我如是说，此见中国人之性情，亦即中国文化大传统所在也。朱子解明哲保身义，尤佳。谓他人以邪心读诗，先去占便宜。今人则谓能占便宜便是明哲，至少要不吃亏。若云顺理，则嫌迂腐。风气变，人心随之，可叹亦可忧。

# 周濂溪《通书》随劄

## （一）性与天道

孔子不言性与天道，庄老始言天道，孟荀始言性。《易传》《中庸》则兼儒道两家，会通天人，和合自然人文，而融一言之。濂溪为宋代理学开山，其学派乃承《易》《庸》一路来。所著《通书》，本名《易通书》，阐申《易》旨，故附有《太极图说》。其首次两章名《诚》，即《中庸》自诚明自明诚之诚也。师章言："天下善曰师。"孟子言圣人百世之师，荀子言天地君亲师，韩愈言师者所以传道授业解惑，而师道则必归于善。西方人则不重师。其言真理则不主善。安有不善而可以为人类之真理者。濂溪师章又言："性者，刚柔善恶中而已矣。"则性分刚柔，各兼有善恶，惟求其中。则其主易庸，于孟荀有异已显。至谓师犹重于性，则其言似更近荀。《中庸》分言尊德性道问学，孟偏尊德性，荀偏道问学，濂溪之意则似折中于斯二者。张程继之，乃分性为天地之性与气质之性为二，而主变化气质。朱子曰，张程气质之说立，则诸子之说泯矣。实乃本源于濂溪之此章。象山乃与朱子树异，而偏近孟子尊德性之意为多，道问学之功则缺。归而求之有余师，则于濂溪此章之义有违矣。

濂溪谓："刚善为义、为直、为断、为严毅、为干固，恶为猛、为隘、为强梁。柔善为慈、为顺、为巽，恶为懦弱、为无断、为邪佞。中也者，和也、中节也、天下之达道也。"达道在能和，不仅求向外之和，先贵有存内之和。若果有刚无柔，有柔无刚，斯存于内者已偏而不和，更何求于向外之和。

今分别论中西双方之人性，似西方人偏近刚，而中国人则偏近柔。惟西方多见濂溪所举刚中之恶。希腊之不能成一国，是其隘。中古堡垒贵族亦然。罗马之武力侵略及近代帝国主义，是其猛，是其强梁。而中国于濂溪所举之柔恶则颇少见。政治上之治乱兴亡，波谲云诡，事亦难免。虽如王猛之出仕胡廷，既不懦弱，更非邪佞。其在北魏北齐北周三朝，汉人出仕者更多，卓有建树，具严毅干固之刚善，绝少畏惮邪佞之风。五代时如冯道，畏惮有之，而邪佞亦幸免。蒙古满洲入主，高尚不仕者不论，其出而仕，可谓无断。但畏惮邪佞之恶亦尚少。故中国人之对外，其居强势，每主怀柔政策，不为肆意之强梁。其居弱势，偏于和顺则有之，亦不陷于邪佞而懦弱。以上姑举为例，而社会风气亦可推。斯其所以绵延历五千年而终不失为一中国，而仍能保有其文化大传统之所在也。

即如台湾，其对高山族，亦终不如美国人之有西部开发。明清两代在大陆西南部之有土司制度，即其先例。而如吴凤，可谓慈顺之至矣。中国人谓杀身成仁，舍生取义。吴凤所为，可谓至刚至正之大节所存，而岂柔性之善之一语可尽乎。如诸葛亮之于孟获，七擒七纵，此尤柔性之善中之至刚至正。其他民族中难见其例，亦正代表吾民族性之一至佳至善之例矣。

强凌弱，众暴寡，终非人性之所服。孟获虽见擒，非心所服，宜矣。诸葛七纵而七擒之，于是滇族乃终为中国不侵不叛之裔民，斯亦人性必有善之一征。孟子曰："可欲之谓善，有之己之谓信，充实之谓美，充实而有光辉之谓大，大而化之之谓圣，圣而不可知之谓神。"人莫不有欲，然有可欲有不可欲。其可欲者，即善也。今再浅说之，男大当婚，女大当嫁，男女结合，人之大欲存焉。故夫妇为人伦之始。果能相敬相爱，百年偕老，自修身而齐家而治国平天下，则胥自夫妇之和合始。然其至于国治而天下平，则圣人之事，而人生乃可谓达于神之境界矣。故曰一阴一阳之谓道。而深究其根，则必先有阴，继有阳。所谓一阴一阳互为其根者，其实则阴尤为阳根，惟独阴无阳，终亦非生之善。阳者，即其阴之光辉面。果能知光辉之必出于阴暗面，则知君子之道暗然而日彰，而乃始可语以人生之大道，又岂徒求光辉者之所能预闻乎。

## （二）志与学

濂溪《通书》有《志学》一章，提出志与学两字，实为中西文化基本相异点所在。兹试先言志。西方古希腊，乃一商业社会，货品销售固须投人喜爱，然营商谋利，志为己不为人。即如文学，沿途讲述，兼以歌唱。或舞台演剧，皆求广集群众，多获欢迎。其意图亦多为己，不为人。纵说其不为名不为利，但亦是表现在己之才华智慧，获得一种自我满足，而感愉快。故惟求打动人心，对我有赞叹崇敬之意。最多亦以供人娱乐为手段。其潜在目标，仍为己不为人。

又如哲学，或出在街上，或居家，聚徒讲论，虽说是为探讨一种真理，但务玄远，少涉真实日常人生，似乎亦仍以表达其一己之才华与智慧为主。

故古希腊之文学哲学，实亦如一种商品，求新奇，求销售，求我之所销售能胜过他人。求人喜爱，却不求人真实享用。故其为一文学家或哲学家，乃亦等于一种职业，纵不说其如经商牟利般的仅在物质人生上一职业，但亦可说是一种精神职业，表现了一己之才华智慧，而物质人生亦同告解决，如此则已。要之，其不为大群人生作恳切之打算，则并不与其群所经营之商业有实质之相异。

如论科学，则与工商业更有紧密相关。否则在外面物质上求真理，终与从实际人生上求真理，隔了一层。自另一端言之，同样是为一己才华智慧之表现，与哲学家无异。西方人此一种一己之表现感，直到现代有增无减，为其文化传统一特色。

中国自古为一农业社会，专赖自己勤劳耕耘，即可解决自己的生活。不如商人，出售商品仅乃谋生一手段，因此中国古代人之心理习惯，必看重己力，不看重外力。己力有余，转为他人打算。这就自有一套。如伊尹耕于有莘之野，本是一农民，但自己生事解决了，却来打算到别人。耻其君不为尧舜，一夫不得其所，若挞之于市。故孟子称伊尹为圣之任者，实负有一番责任感。政治本与他无干，他却五就桀五就汤，要使他同时的政治领袖亦能为尧舜，使同时人亦受尧舜之泽，此即伊尹之所志。

责任与职业不同，与自我表现亦相异。乃是为人谋，却非为己谋。此种心理，求一解说，却说是天要我如此，此即所谓天命。人的责任乃是由天所命，只是别人不知，我心自知。别人不觉，我心自觉。故我将以先知觉后知，先觉觉后觉。此是中国人一种人生责任感，在西方商业社会中却不易找。

于是中国人遂有齐家治国平天下一套观念，皆属其一己之责任。责任所在，理当如此，道当如此。做一孝子，非为求一孝子之名。做一忠臣，非为求一忠臣之名。我之一切，为父为君，此乃我之责任。而此一责任，则由天派定。惟我心先知之，先觉之而已。又哪里是一种功利观，名誉观，或是职业观，要我如此做的呢。

中国社会亦有工商各职业，又有士，则非职业。孔子曰："士志于道。"孟子曰："士尚志。"曾子曰："士不可以不弘毅，任重而道远。以天下为己任，不亦重乎。死而后已，不亦远乎。"孟子曰："天之将降大任于斯人"，其实是此人内心自觉有此大任，而能自立志，来求尽此大任。伊尹在孔子前一千年，可说当时中国已有士。伊尹以前，传说在夏代，兴于版筑之间，亦一士。孔子前百年有管仲，亦一士。孔子即承此文化大传统而来。孔子以下，中国社会始正式有士。孔子曰："士而耻恶衣恶食者，未足与议也。"既为士，自任以天下之大任，则不能再顾一己之衣食职业，故士必待人养。不出身而仕，则在野为人师。中国古人言："作之君，作之师。"人群中必当有君与师，此亦天所命。而士则不仅在野为师，又在朝为天子师，为国君师。孔子在后世尊为至圣先师。濂溪曰："天下善曰师"，盖教人善，又善尽一己之任者，皆为师之责，此师之所以为天下善也。此即谓以斯道觉斯民也。

或谓中国有孔子，有士，有儒家之教，岂不亦如西方之宗教。是又不同。耶稣言，上帝事他管，恺撒事恺撒管。他明把世间事分出不管。而中国儒家，则把齐家治国平天下，一切世间事，一切责任，立志负起，此已大不同。抑且死后灵魂上天堂，不啻为生前信仰上帝一大报酬。而中国之士，志于道，则绝不计较私人报酬。佛教来中国，虽曰大慈大悲，救苦救难，而一为僧侣，死后成佛，终亦是一种私人计较。故终为中国士人所看不起。则儒家教义虽亦崇天命，亦究与宗教有别。

既有此一番志，则自需有一番学，以自赴其志。自汉代起，儒学定于一尊，其时则称通经致用。此用主要在人世上，尤要在政治上。宋代胡瑗创立书院教人，分经义治事两斋，亦即通经致用也。同时如范仲淹，稍后如欧阳修、王安石、司马光、苏轼诸儒继起，皆在政治上有志大用，而王安石司马光志有不同，遂成新旧党争。司马光旧党得势，又分洛蜀朔三派。洛派二程与王安石同当属经学派，故先亦随新党出仕，继而退出。司马光属史学派。苏轼可谓杂学派。同时有周濂溪，认为出仕之前应先有一套修身做人之学，乃可无弊。二程亦受其影响，于是乃于两汉儒林之外，别起宋代之道学。而濂溪则特称学颜渊之所学。

颜渊所学，即学孔子。濂溪《志学》章又曰："颜渊不迁怒，不贰过，其心三月不违仁。"则濂溪所举颜子之学，统言之，乃心学也。学者当先治其心，使其心一于仁。仁即人道之大纲。能此，始能任伊尹之所任矣。而颜子又以恬退不仕名。故濂溪先之以志伊尹之所志，即继之以学颜子之所学，其中实涵甚深妙义耐人细阐。

汉儒以周公孔子并称，而濂溪以下之宋代理学家，乃以孔子孟子兼举。孟子实亦一种心学也。西方人好言权利，不言责任。既无中国人此等志，自无中国人此等学。故西方人不言修心养性。西方之学，皆为向外求知识，又曰："知识即权力。"不论哲学宗教，亦莫不以权力为重。哲学先讲逻辑，以免我之立说被人反驳。宗教必组织教会，以便扩大其权势。每一学说，尽如商品，贵能推销。孔子曰："人不知而不愠，不亦君子乎。"又曰："知我者，其天乎。"自尽己责，何待夸耀，亦何待人知。为子惟求孝，为臣惟求忠，惟不以忠孝自夸耀。即文学亦然。诗言志，言之不尽，则歌叹之。孔子曰："予欲无言。"凡所志，则尽在不言中。故中国人言学必继言习。孔子曰："学而时习之。"曾子曰："传不习乎。"习则主于践履，乃一种行为，而行为则一本于心，与专尚知识又不同。

濂溪《志学》章首言："圣希天，贤希圣，士希贤。"孔子五十而知天命，即濂溪所言圣希天也。中国又称为四民社会，除士外尚有农工商各业，濂溪皆不言。西方社会无中国之所谓士，亦无士与贤与圣之一种人品观。濂溪此章涵义宏深，而濂溪不详言之。此亦中国传统忠恕之道，为子者决不谓为吾父者之不当孝，为臣者决不谓为吾君者之不当忠，为师者决不谓为吾门人弟子者之不能为后知而后觉。后生可畏，有为者亦若是，则何待于言之尽。故曰："书不尽言，言不尽意。"学不同，教亦不同。举一隅，可以三隅反。比较中西文化，濂溪此一章已够启发。而濂溪乃为有宋理学开山，亦即此一章而有余矣。是则在学者之善求之。

## （三）思与无思

濂溪《通书》有《思》章，引《洪范》曰："思曰睿，睿作圣。"继之曰："无思，本也。"则显与《洪范》义不同。孔子曰："学而不思则罔，思而不学则殆。"学思兼言。季文子三思而行，孔子曰："再斯可矣"，是孔子又以行思兼言，不专思以为学。孟子曰："良知良能"，则不待先以思。《中庸》言："自诚明，自明诚。"濂溪《通书》首言诚，诚亦不待思而得。故曰："无思，本也。"孟子亦言："舜之居深山之中，与木石居，与鹿豕游。及其闻一善言，见一善行，沛然若决江河。"此一沛然，亦由其内发之诚，不由其思。此乃儒家性天之学。西方哲学则专重思，其学亦学为思而已。此又与中国传统言学一大不同处。

《大学》之道有三纲领，“在明明德，在亲民，在止于至善。”德者，足于己，无待于外，故曰德性。其学则可称性天之学。明德者，孟子曰：“有之己之谓信，充实之谓大，充实而有光辉之谓美。”明德即大德美德。光辉及于人，则亲民。或曰，亲当作新。其德及人，所及者亦必追随趋新，是亲民即新民，其义一也。此在中国人即谓之至善，而可止矣。中国之学本于德，成于善，而有止。西方之学重知识，重权力，重功利，其极为个人主义，不相亲而相争，不辨善恶，亦无止境。此为中西之大相异。

《大学》三纲领之下有八条目，曰：“古之欲明明德于天下者，先治其国。欲治其国者，先齐其家。欲齐其家者，先修其身。自天子以至于庶人，一是皆以修身为本。”是修身乃齐治平之共同出发点。西方之学重求真理，然求之于物。人身亦仅一物，于是重物理，不重人道。人道可止于当身之所接触，而物理研寻则无底止。西方之言天，亦即一物理之天，而非一人道之天。人道乃追随于物理，不能自为主。

《大学》修身以前尚有四条目，曰：“欲修其身，先正其心。欲正其心，先诚其意。欲诚其意，先致其知。致知在格物。”则修身之学，内本心意。其所谓物，亦非外在之物，乃心意之物。如孝，譬之射，则父母为标的，物乃射者所立之位。不能移其位以求中，必坚定于为子之位，乃有孝德可言。为人谋必忠，与朋友交必信，亦然。故明明德必亲民，格物者即立己善，尽己道，贵于有其不易之位。孔子三十而立，即立其己，立于其己之位，即能格物矣。

是则濂溪之志与学，亦即《大学》明明德之道。程子朱子皆尊《大学》，亦可贯通于濂溪之意。伊尹之志，以天下为终极。而颜子之学，则以心意为基本。以一己之心意，而终极于天下之事事物物，即其至善之所止也。

格亦有感通意。如舜之孝，父母受其感格，斯即其至善之可止。至于尧之举舜，既使摄政，又让位。平天下之大任，可以有其志，未可必有其事。颜子居陋巷，一箪食，一瓢饮，终其身不改其乐，何必亲履治平之大任，乃为学之终极乎。故董仲舒曰："明其道不计其功。"西方民主政治，政府元首必经民选，又曰公仆。民众所欲何限，为之仆者，甚难胜任尽职。故又规定年限改选。出而竞选者，亦在自求表现，岂固为民乎。人既各怀其私，则惟有以法律制度为公道。果抱伊尹之志，亦无可舒展。效颜子之学，将断然无意于竞选。此又中西治平之道之大异其趣矣。

故依西方政治，则不需以中国之修身为本，而齐家亦可不计。今日美国盛行男女同居，夫妇之道日趋淡薄，而平天下则更无其意，惟务国与国之相争。风俗形势如此，何复有所谓明明德于天下哉。今国人既倡复兴文化，又心向西方之所谓民主，此诚难题中一更大难题也。

## （四）质与量

余尝论质世界与能世界之分别。即在质世界中，亦复有质与量之分别。某年余曾偕友游西湖，一晨，余两人特赴龙井购茶，指名雨前。茶肆主人出示一雨前价单，高下不等。余等问，同一雨前，何有此多价。茶肆主人云：茶须品，始知其不同。君等幸试一品，如何。因烹各级茶五六种，余等一一试尝，始知茶味。乃选购数种以归，余于是始知品茶。

茶有品，人亦有品，有高下之别。班固《汉书·古今人表》，分人为上中下三级，每级又各分上中下，共九级。此非熟读史书则不易知班固此表之意。今人一慕西化，谓人皆平等。西方选举得票多则胜，惟论量，不问质。此乃一种商业习惯，惟求多销，赢利为主，亦以量为重。

中国社会惟重质，即工业亦然。百工皆由官设俸，世袭其业。不求多产，仅求保持其品质。而父子孙曾，世代相传，耳濡目染，毕生习此，艺乃益精。因此凡工业成品，皆得为艺术品，为其他民族所莫及。如纺织，如陶瓷，无不皆然。

品之高，必求之其质。若惟求量，则品难兼顾。濂溪《通书》继《志学》章有《顺化》章，言："天道行而万物顺，圣德修而万民化。”天道即由其本质。不顺乎茶之质，又何有茶味之美。不顺乎人之性，又何由有圣德之成。加以外力，仅能使之多产。产多而质漓，则其美味将日减。商人尚利务多产，而茶质变。麟凤龟龙称四灵，苟使近代生物学家凭科学发明，务求四者之多产，则亦恐将日失其灵矣。近代科学能创电脑，但不能使其脑同具人心之灵。能制机器人，但不能使机器人亦为圣贤。濂溪谓：“大顺大化，不见其迹，莫知其然之谓神。”顺乎自然而待其化，则必经悠久之时间，此即天道。而质世界可进为能世界，此亦不见其迹，莫知其然之神化也。夫岂由人之所欲力之所创而能致。

濂溪《通书》继《顺化》章有《治》章，谓治天下在乎“纯其心而已矣”。纯即不杂，能不杂以利欲之念，则一切自然，顺而化，乃自跻于圣德。纯己心始能纯人心，人心纯而天下平。此濂溪《太极图说》所以有主静立人极之说也。濂溪《顺化》章又曰：“天下之众，本在一人。道岂远乎哉？术岂多乎哉？”故一人之明德，而可明之于天下。凡此皆有甚深妙义，贵善读者之自体而自会之。

《通书》有《圣学》章，谓：“圣学一为要，一者无欲也。无欲则静虚动直。静虚则明，明则通。动直则公，公则溥。明通公溥，庶矣乎。”此章濂溪之所谓一，实即天，即性，即太极，亦即《通书》首章之所谓诚。天则万物一太极，性则物物一太极也。故一之学，即性天之学。而曰一者无欲。一于性，一于天，斯即无欲矣。《诚》之章亦言："诚者，静无而动有。"方其静，仅一存在而已。惟此一存在，无而能静，虚而能动。《中庸》曰："自诚明"，性也。心无欲，则虚而自明。所明者其性，其天，其诚。万物存在，同此一天，一性，一诚。故曰："明则通。"明非谓知识，知识逐于物，知于此，不通于彼。明亦如《大学》之明明德，可明之天下，斯即其通也。有欲则必曲折以达，性天之动则直。无曲折，故曰直。直则公，各率其性，各动以天，故直之动必公。一子之孝，即天下万世为人子者之所公，故曰公则溥。若动于欲，则私而不溥矣。故惟明通公溥始为明德，始为达道，故能径直而行，又能有而若无，动而若静，其体则实一也。

《通书》又有《公明》章，曰："公于己者公于人，未有不公于己而能公于人也。"己有欲则有私，如目欲视耳欲听，己有私则不见道之能公于己，斯亦不见其能公于人矣。又曰："明不至则疑生，明无疑也。谓能疑为明，何啻千里。"今人之学皆尚疑。不信，故有疑。己既有私，不通，不公，不溥，故有不信而疑，亦终无以达于明之一境矣。

《通书》又有《理性命》章，谓："二气五行，化生万物，五殊二实，二本则一。是万为一，一实万分。

万一各正，小大有定。”此亦一物一太极，万物一太极之义。同是一太极，即同属一本体。一物之太极，乃自万物之太极来。故曰一实万分也。能知其同一体，则自可达明通公溥之境矣。

《通书·颜子》章谓：“颜子见其大，忘其小。见其大则心泰无不足，富贵贫贱处之一，则能化而齐。”庄周有《逍遥游》《齐物论》，能作逍遥之游，自见齐物之论。逍遥之游可兼时空。如游西欧，英法富强，其他诸邦未必皆然。古代希腊罗马，亦曾称盛一世，现代则不复然。则英法现代之盛，又岂能常保。观于当前，亦可见矣。今惟美苏，乃代表欧洲文化之最盛地区，然苟能观欧洲诸邦古今之全史，则当前美苏之盛，其大势所趋，宜亦可想象而得矣。如是则西欧文化，亦当与其他各洲平提齐论，乃可得其真价值真意义之所在。至于一人一时之富贵贫贱，尤易见其齐，则心自忘之矣。此一齐，当自其化而得。非知化，则不知齐。能知齐，则亦自能知化。今日欧洲人则仅知变，不知化。故亦仅知争取，而不知其所得之终有其齐也。

《通书》有《精蕴》章，谓：“圣人之精，画卦以示。圣人之蕴，因卦以发。卦不画，圣人之精不可得而见。微卦，圣人之蕴，殆不可悉得而闻。”濂溪之学旁求之释老而深有得于《易》，故著《易通书》，又兼附以《太极图说》。伊川穷毕生之力，成《易传》一书，其意亦承濂溪来。至朱子始为易本义，发明易本为卜筮作。朱子之见审矣，然亦推尊濂溪，又特为《太极图说》作注，此朱子所以能集理学之大成也。象山不喜言天地阴阳，而专言一心，是知约礼，不知博文，故较喜言孟子。而朱子则谓孟子粗，不如颜子之精。是专言约礼，专尊德性，不知博文，不知道问学，仍为学之粗者。非专治一心，即得谓为学之精也。

《通书》有《家人睽复无妄》章，谓："家难而天下易，家亲而天下疏。"《大学》谓欲明明德于天下，必先治其国。欲治其国，必先齐其家。亦以难易亲疏为先后。尧让天下于舜，实不难。能不传其子丹朱则难。舜让天下于禹，亦不难。而不传其子商均则难。父子之亲，而能不传以其位，斯诚难矣。然尚有难者。尧能识舜之贤，舜能识禹之贤，共事难而犹易。尧舜不能教其子亦为贤，斯则实难。孔子能教颜渊成亚圣，然不能教其子伯鱼亦为亚圣，此非难乎。以父子之亲而不能教，夫妇尤然。故濂溪谓家难而天下易，惟其亲，故见难。濂溪此言，诚足为千古之名言矣。

濂溪谓："睽次家人，以二女同居而志不同行也。"故中国特重女教与女德，亦并世诸民族所难比。西方人则置其亲而难，专务其疏而易。古代如希腊罗马，近代如英法，不问家，仅为国。不问国，而务求其国之富强甲天下。凡见太阳处，即见有大英帝国之国旗。然英格兰苏格兰爱尔兰同在一岛上，终未能融凝为一。美国继英为天下盟主，乃其家庭制度几于沦丧以尽，而盛行男女同居，则将来是否可有一无家之天下，诚难于预测矣。

今试以濂溪语推广言之，亦可谓处少数难，处多数易。以少数亲，而多数疏。西方人重多数，民主政治一依多数意见为是非标准。而中国政治则必选贤与能，贤均始从众。此皆中西双方文化歧趋之所在。又以学术言，亦可谓向外面物质上求知识，其事疏而易。向内心德性上求陶冶修养，其事亲而难。而中西双方之学术歧趋亦在此。

故中学主反求诸己，以身与心为本。为圣为贤，其事亲而难。西学专向外面物上求，为富为强，其事疏而易。中国求产一贤人远不如西方产一富人强人之易。今人每连言安和乐利，实则中国社会以安和为主，西方社会以乐利为上。乐利易而安和难。故双方相比，中国每见绌。此亦近代国人一意崇慕西化一主要之因素。

## （五）体用与有无

体用二字始见于东汉末魏伯阳之《参同契》，中国古人似无此观念。庄周言："指穷于为薪，火传也，不知其尽也。"倘以薪为体，火为用，则焉有体尽而用自传之理。如以火为体，薪为用，则火实非体，仅一现象，而有其作用。此现象何自来，又何从传，乃得常存不灭，则所难言。薪为物，有具体，而现象则非具体。今套用庄周言，亦可谓人尽于为世，世传也，不知其尽也。人寿百年，有生必灭，而世事绵延，历千万代而不尽。但人世只是一现象，每一人始是一具体。中国古人则于具体之上，好言其现象，毋宁是重其象，更过于其体。身是体，而生是象。亦可谓身尽于为生，生传也，不知其尽也。

一阴一阳之谓道，此亦言其象。宇宙万物各有体，综其同而言之曰阴阳，则一象而已。象之生，应有体，则称之曰太极，而太极实无极，仍无其体，特姑加以一名而已。

老子曰："道可道，非常道。名可名，非常名。"一切可名之道皆较具体，皆不常。常道则无可名。实则道亦是一象，如一阴一阳之谓道是也。更推而上之，则为太极，实无极，则道亦无道。故曰"无生有"。又言"道法自然"。此道乃始是不生不灭自然常在之道。

老子又曰："三十辐共一毂，当其无，有车之用。埏埴以为器，当其无，有器之用。"车与器皆具体，而其用则在无处。车与器各别为物，其无处始通为一。凡用则皆在其无处，即其通而为一处。亦犹言其无所不在处。盈天地皆一无，而实是一大用，则用即是体。惟此体非具体之体，实乃一大共通之无体之体耳。故凡属具体特殊之用，皆不能常，必归于无用。惟无用之用始是大用，而可常。此则是一自然，儒家则谓之天。凡此下儒家所用天字，其实皆已采用了道家之自然义。

濂溪《通书·性命》章言："万为一，一实万分。"以世俗观念言，一方推扩至万方，一世绵延至万世，一物一人积而成万物万人，则一为实万为虚。而中国古代人观念则谓先有了万方万世，乃有此一方一世。先有了万物万人，乃始有此一物一人。故曰万为一，乃指其为一体。一实万分，乃指其在全体中分出。惟万之为体不可指，不可名，则实而若虚，有而若无。而由万分出之一，则可指可名，乃虚而似实，无而似有。中国古人观念，好兼举相反之两端而和合言之。如曰阴阳、动静、有无，如曰死生、成败、兴亡，如曰是非、利害、得失，皆是。举其两端，乃始见其体。司马迁言："明天人之际，通古今之变。"天人古今实亦一体。而万方、万世、万物、万人，胥包其内矣。是则此一宇宙，实乃无体，而惟见其用。无静定，而惟见其动化之一宇宙也。

故凡属于万，世俗惟求其形貌，以见其各别。中国古人观念，则惟求其神气，以见其相通而合一，如是而已。孟子言："可欲之谓善，有诸己之谓信，充实之谓美，充实而有光辉之谓大，大而化之之谓圣，圣而不可知之谓神。”孟子之谓有诸己者，即指此不可知之神而言。个人如此，宇宙大全体亦如此，此之谓通天人，合内外。《中庸》言：“尊德性而道问学。”德性属内属天，问学则属外属人。孔子曰：“知之为知之，不知为不知，是知也。”问学之知，应知其所知，又应知其所不知，始合成一知。凡属万，凡属道，属德性，皆人所不易知，亦可谓属不知。故孔子不言，而庄老始补言之。濂溪《通书》则亦合此二者而言之耳。实则非始濂溪，《易》《中庸》亦已言之矣。

朱子继濂溪，其说《大学》有曰：“众物之表里精粗无不到，吾心之全体大用无不明。”众物之表里精粗，皆道问学之所有事。心之全体大用，则尊德性之事。而体用专从心言，不从物言，又必曰全体大用，此非深通中国古人观念，有见于传统精义者不能言，亦不能知也。今人则每言各一物，各有体，各有用。此惟西方之学有之，如宗教、科学、哲学、文学皆是。中国观念初无此意。

又朱子编《近思录》，集北宋理学家言，首道体。而朱子自为言，则多言理气，又谓理即在气中，而不言理体，仅言气体。此则朱子精密之思，尤胜前人处。

晚清儒有主中学为体西学为用之说者。窃谓此语中学为体，当改作以吾中华民族五千年之文化大传统为体，庶更近之。孙中山三民主义首民族主义，即其义。孔子言：“民可使由之，不可使知之。”今我国人则于此五千年文化大统，尚有由之而不知。必待知之者出，乃可使民由之。此余所日企以待矣。

孔门不言体用，而言质文。《论语》孔子引《诗》：“巧笑倩兮，美目盼兮，素以为绚兮。”而曰：“绘事后素。”不仅口耳为质，笑与盼亦属质。笑之巧，盼之美，乃属文。孔子之意，不仅谓绚粲加于素纸之上，乃谓绘事最后以素条勾勒轮廓，绚是文，素是质，不仅是先质后文，又必文中存质，质文相济相融，和合成体，始为文质彬彬。子贡悟孔子意，乃有礼后之说，而孔子深赏之。如孝乃质，非文。不仅能养，犹当有敬。敬亦质也。孔子又曰：“人而不仁如礼何，人而不仁如乐何。”礼乐是文，仁是质。有质始有文，而文又必不离于质。如百尺之木，其根在地下，而根之生气则贯彻于百尺之上，故本末一体，非末可离本，犹流之不可以离源。子贡谓礼后者，仁敬先而礼后，而仁敬仍在礼之中。然则即言体用，体用可分而仍不可分。用即是体，仍在体之内始成真用。朱子言全体大用，又必专就心言之，斯为深得古人精义，不失文化大传统之妙旨所在矣。今苟言中学为体西学为用，亦当融合西学入吾文化大道中，不离吾传统文化之大本大源，而融为一体，乃庶得之耳。而岂舍己之田以芸人之田，如今人所倡之西化乎。换言之，以吾传统文化为质，亦可有西学之文，而使文质彬彬。则亦惟善用其学而已，又何必有中西之分哉。

文化二字乃近代中国人以中文传译西语，最先创自英语之civilization，如蒸汽机，创自英邦，而他国皆效用之。德语改为culture，如巴黎柏林都市形貌，皆土生土长，不自伦敦移来。又如洋花生之移植中国为土花生，与英语原意微不同。国人又译英语civilization为“文明”，德语culture为“文化”。中国古语本为“人文化成”。但英德双方所指重在物质上，与中国古人言人文义又不同。如中国人言五伦，言修齐治平，始是人文。人文则重化，物质使用方面则重在变，故国人以文化二字译西方语，其间仍有大问题存在。近百年来，西学传入，不仅重在物质使用上，亦侵入人文范围以内。既不能化，虽改变多端，亦未见光明之发挥，徒滋纷乱，灾祸迭起，此则诚堪供吾国人之深思也。

中国传统人生态度，可以“乐天知命”“安分守己”八字尽其要旨。渊源乃自农业社会，日出而作，日入而息，春耕夏耘，秋收冬藏，自尽其力，而另一部分则靠之天时地利，非己力之所能主宰。推而广之，“一天人”“合内外”，乃成为中国人生哲学最高之理想。

古诗三百首，凡及夫妇婚姻，率皆归之命。纵使主张自由恋爱，但岂能在异姓中择取一尽如己意者为对象。婚姻配合，皆机缘凑成，故曰天作之合。在对方身上不啻带有一分天意，非我所能支配。在我则惟有自尽心力，以顺处善处之而已。父母之与子女亦然。为父母者，岂能一如己意来生育子女。为子女者，亦岂能一如己意来选定父母。彼此间皆由天命，则亦惟有在我之顺处善处，曰慈曰孝，惟在我之一边，则庶我之所能为力耳。

家人然，时代亦然。诸葛亮《出师表》：“苟全性命于乱世，不求闻达于诸侯。”生逢乱世，获全性命，此庶己力所能尽。至于闻达，其事在外在人，岂己力所能求。刘先主三顾之于草庐之中，此亦如天命之降临，在我亦惟有乐之知之而止。为人谋而不忠乎，与朋友交而不信乎，许以驰驱，则亦惟有自尽忠信，安分守己而已。所以鞠躬尽瘁，而王业之成败，则付之于不计。六出祁山，病死于五丈原，则所谓生吾顺事，殁吾宁也。

故知乐天知命安分守己八字，有积极义，同时亦有消极义。顾亭林言：“天下兴亡，匹夫有责。”以天下兴亡之大事，我以匹夫任其责，此为积极义。而仅亦能负匹夫之责耳，此为消极义。惟能知最消极者，斯能知最积极。能知此而乐之，斯亦能守此而安之矣。

故中国人观念，人生即融凝于大自然中，而与为一体。每人身上各自具有一小天地，横渠《西铭》所谓：“予兹藐焉，乃混然中处。天地之塞吾其体，天地之帅吾其性”，是也。吾身此一分小天地，虽非天地之大全，而亦以见天地之大全之不离于此矣。夫妇父子各自为一家中之一分子，而一家之大全则即由此一分子上见。一邦一国，以至于天下，亦如是。故君子无入而不自得，正因能素其位而行也。

伯夷叔齐让国而去，周武王伐纣乃叩马而谏，天下归周，夷齐耻食周粟，饿死首阳之山，此亦安分守己乐天知命之一端。孔子曰："夷齐求仁而得仁，又何怨"是也。周公为武王弟，随其兄伐纣。武王卒，以天下重任付之。周公大义灭亲，诛其兄管叔，流蔡叔，辅其侄成王政。及成王长，乃归天子位。周公之与伯夷，一消极，一积极，其各得当时天地大自然之一分，而知之乐之守之安之，则一矣。

惟其人生只有一分，而其他人则同得此一分，斯为一大平等，亦即为一大自由。人人有此一分自由，斯其在我则如天如命，惟有知而乐之，守而安之。独立不惧，遁世无闷，天生德于予，他人其如予何。然而邦国天下之大任，则岂一人之力之所能负。濂溪《通书》有《治》章，其言曰："十室之邑，人人提耳而教，且不及，况天下之广，兆民之众哉。曰：纯其心而已矣。仁、义、礼、智四者，动、静、言、貌、视、听无违之谓纯。心纯则贤才辅，贤才辅则天下治。纯心要矣，用贤急焉。"纯其心，此即安分而守己。贤才辅，亦天与命之自然。能知之乐之，则天下大任分在天下人之身，而我乃为之主也。为天子者，则惟以用贤为急。而为之民者，则有进退出处之自由。上可辅，则进。上不可辅，则退。是亦安分守己乐天知命之大义所在也。

细读中国史，为天子者，非尽不仁，非尽不智，稍知道义，则无不以求贤自辅为要。史文具在，不遑举，亦不必举。而今国人则谓中国传统政治，惟帝王专制四字可以包括尽净。然中国文化大传统则不如是。杂以西化，则亦无堪相语耳。

或曰，果使若上所言，人人各得天地之一分，则西方民主政治更符于天地之大全。是又不然。果使人人能安分守己，乐天知命，则在上者自不敢于专制，在下者亦不争求民权，昌言革命。中国传统政治理想，惟称德治、贤治、礼治，不言民治。此非通论文化大体，则不足以知之。

## （六）礼乐

《通书》有《礼乐》章，云："礼，理也。乐，和也。阴阳理而后和。君臣父子兄弟夫妇，万物各得其理然后和，故礼先而乐后。"中国古人观念重和，而和则必有理。理者，分理之义。朱子承濂溪乃曰："礼，天理之节文。"宇宙一气，而分阴阳，实则阴阳同是此气，可分亦可合。具体言之，男女同是人，是其大。分为男女，是其小。故为大同而小异。父子兄弟君臣朋友皆然。又如宾主，今日之主，或即他日之宾。今日之宾，或即他日之主。故古人言“礼者体也”，同属一体，言其无别。濂溪言礼者理也，则言其有别。实则分别由和合来，别即无别。朱子谓理必存于气，无气即无理，亦可谓分即见于和，无和则无分。西方主个人主义则无和，故亦无礼无理可言。则惟有言法。尚礼尚法，为中西文化一大歧，本源则在此和字上。一和一不和，亦即一为有体，一则无此体耳。

《通书》又有《动静》章，实则阳动阴静，阴阳可分而不可分，动静亦然。故动中有静，静中有动，亦动亦静，亦静亦动。而濂溪《太极图说》又必言主静立人极，此犹一阴一阳，亦先言阴。朱子言理气，则必先言理。古人言礼乐，亦必先言礼。俗语言分合，亦必先言分。先后之序，亦涵深义，所当深求。

今人则好乐不好礼，不知礼先乐后。如不言分，好言合，不知欲求合，应为对方先留一分地位。如父母先为子女留一地位，此是父母之慈。子女亦先为父母留一地位，此是子女之孝。夫妇亦然。西方人婚姻必先恋爱，当其相互恋爱时，则各有一对方之地位存在，及其结为夫妇，其相互为对方之地位即各已失去，于是乃有结婚为恋爱之坟墓之说。夫妇结合，乃赖法律。中国人则在结为婚姻后，有一夫妇之礼。夫妇间有一分别，斯则可和合无间矣。

《周南·关雎》之诗曰：“琴瑟友之，钟鼓乐之。”琴瑟钟鼓皆乐器，各别和合以成乐。夫妇亦当如琴瑟，如钟鼓，各守其分，各保其别，斯则百年和好常乐矣。若合为一而失其分，亦必遂失其和，争起而离矣。

故礼乐可分而不可分，亦如人己之可分而不可分，更如天人之可分而不可分。得其理则和而乐，此为中国人文精义之所在。今世界乃先为个人各自留一地位，各自独立，各自平等，各自自由，相互间各不为他人留地位，而如中国之所谓安分守己乃亦无从说起。人群相处无礼无理，而仅求以法律统一之，则天地之大和合又谁为之立法者？西方宗教科学哲学最后亦均为求此一立法者，而惜终无得，则举世之不能和合亦宜矣。

濂溪主静立人极一语，亦有新义可阐。天地大自然，长宙广宇，瞬息万变，只是一动。但其化生万物，物之在天地间，则比较成一静。物之聚而存，终亦有其散而灭，有生则有死。亦莫不在变动中。然如人类，既历若干千万年之久，而仍有此人类，则不失其为一静。人生百年，自幼稚以至于耄老，百年之期亦仍有其一静。即如历史记载，中国一部二十五史，已有令人何从读起之感。然亦终自有其可读处。即如曹操率军南下，而有赤壁一战。其动处岂仅在曹魏一面。东吴孙权周瑜亦为之动，流寓荆州之刘备诸葛亮，亦为之动。专就曹魏一面言，大军八十三万，人各有家，各有夫妇子女，亲戚邻里，或生或死，或归或不归，动乱所及，岂可尽言。然就史传所载，赤壁之一战，亦可鉴可镜，可知人类史迹之一斑矣。故濂溪此主静立人极一语，其主要意义固在理学家心性存养之一面。然推而广之，廓而大之，凡人之仰天俯地昭昭之大，一撮土之多，岂不亦属人生之静止面。死生存亡，治乱兴衰，岂不亦人生一静止面。《中庸》“尊德性而道问学，致广大而尽精微，极高明而道中庸。”当知其问其学，则也是德性之静定处。其精其微，则正是广大之静定处。其中其庸，亦正是高明之静定处。有所持守，斯能有所进展。西方之自然科学人文科学，生物学社会学心理学医学诸端，岂不各有其静止面，可阐可究。贵能就其可知，以明其可由。此正中国传统学问之大着眼处。亦即所谓主静立人极也。而岂如今国人竞言求变求新，盲人骑瞎马，夜半临深池，之所能喻其意义与价值之所在乎。

## （七）淡与不躁

《通书》又有《乐》章，谓：“乐声淡而不伤，和而不淫，入其耳，感其心，莫不淡且和焉。淡则欲心平，和则躁心释。优柔平中，德之盛也。”此淡字，非仅言乐声，亦指人品即人心言。诸葛孔明言“淡泊明志”。濂溪教人志伊尹之所志，而学颜子之所学，非淡其心，则必伤其所志。心之不淡多欲，则奚能明明德于天下。淡则欲心平，心平则其气和，而所志所欲终得以达。近世尚争，其心淡则不争。

和而不淫，淫者过分义，必侵及其外。和则躁心释，诸葛孔明言："宁静致远"，曾子曰："任重而道远"，岂躁心可达。自然大道必兼有时间性，中国文化传统达五千年，其非躁心所至亦可知。

中国人生尚公尚合，西方人生主私主分，宗教、科学、哲学、文学各有其人生之分野与向往，其他各行各业亦莫不然。在官言官，在商言商，立场不同，趋操各别。中国则道一风同，不仅经史子集，学术上无大异趋。即农工商各业，亦有一共同理想，共同目标。如言商，余游新加坡马来亚南洋各地，华侨播迁来者，远自明代，五六百年来，成为一中国社会，历久不变。余又游美国三藩市，侨民集居，亦逾百年以上，而其为一中国社会，依然如旧。寻究根柢，不出儒道两家孔孟庄老之遗风古训，规矩模样，可指可说。礼失在野，较之近百年来国内风气之大变，洵有难想象者。

盖中国不仅是一政治大一统之国家，同时亦是一文化大一统之民族，一切人生全归一统。如言艺术、绘画、音乐，亦莫不有其一共同最高之境界。而此境界，即是一人生境界。艺术人生化，亦即人生艺术化。中国人好称风俗。成风成俗，斯即公而和，合而化矣。《通书》之论乐曰："淡而不伤，和而不淫，入其耳，感其心，莫不淡且和焉。淡则欲心平，和则躁心释。”是其论音乐，实即论人生。而人生又归于一心。中国传统音乐之宗旨所归，亦一如孔孟庄老之所示。有契于此，庶得中国文化大统之所在矣。

《通书》又曰：“乐者本乎政，政善民安，则天下之心和。故圣人作乐以宣畅其和心，达于天地，天地之气感而大和。天地和则万物顺，故神祇格，鸟兽驯。”是谓有理想之社会，乃始有理想之音乐。而音乐之为功，不仅在感人心，人心感则可感及天地大自然，感及神祇鸟兽万物，而达于天人万物一太和之境界。此诚中国理想。孔子之所谓：“志于道，据于德，依于仁，游于艺”，中国文化传统中之绘画音乐，亦必以达此境界为归极。果其专一游于艺，而无志道据德依仁之心境，则非中国传统之所谓艺矣。

《通书》又曰：“乐声淡则听心平，乐辞善则歌者慕，故风移而俗易矣。”中国人言乐，必和合之于礼。中国人言礼乐，又必上则和合之于政，下则和合之于俗，未有分别独立，而可以成其为理想之乐者。而乐之声，又必和合之于乐之辞。上自古诗三百首，下及楚辞汉乐府，乃至唐诗宋词元明之曲，以及近代之平剧，与夫北方之大鼓诗，苏州之弹词，以至绍兴调黄梅腔之类，几乎乐声必和合于歌辞，而辞则无不归于善。换言之，必先有合理想之心情，乃始有合理想之种种表现。绘画音乐，凡诸艺术，皆其一端。故中国人言社会，必先衡量其人情风俗。而西方社会学，其所重则惟在物质经济条件。如言家庭，则必先问其贫富。而夫妇父子兄弟姊妹相聚相处，其和乐且耽与否，乃屈居其次。故惟中国社会始能安且久。不论如三国，如五代，如元，如清，异族入主，乃至播迁海外，如南洋各地，如美国之三藩市，亦能历五六百年一二百年，社会人情风俗依然不变。此亦中西文化一歧趋矣。

至其言歌者慕，即如唐宋以下，伎女于其所歌之辞而知慕风雅，慕道义者，散见于小说传奇中，亦不遑举。如晚明之柳如是，可为之例。此亦见中国之教化，而可为《通书》作详阐。然则欲求现代化，当读《通书》。读《通书》，当知求现代化。即就音乐一项论，亦自可有其杰出处。而岂随俗因循之得为现代化乎哉？而亦岂专慕西化之得为现代化乎哉？

## （八）物与神

《通书》又有《动静》篇，曰："动而无静，静而无动，物也。动而无动，静而无静，神也。"又曰："物则不通，神妙万物。"濂溪之分物与神，即余质世界与能世界之别。物则各限其为一物而止，不相和，不相通。西方之学逐物而求，分愈细，别愈甚。然万物各本于自然之一体，相通相和，斯则见其神。横渠《西铭》言："践形善述其事，穷神善继其志。"践形在物一边，穷神则会通而深入于神矣。事其形，而志则其神也。因其事而通其志，因其物而达于神，大体亦濂溪此章义。

如论医学，西学重尸体解剖，一身之内其为物又各别。耳是耳，目是目，肝是肝，肺是肺，身则正如一机械，而不重其神通之生命。实则乃由生命生出此机械，非由机械凑成此生命。中国人必论本末源流，其义在此。故中国人之于自然界万物，必推其本于动静阴阳。而于动静阴阳，又必推其本于太极。太极混成一体。而太极实无极，其体不可见。物物求之，则无生命，无自然，即无此天。而西方宗教又必认在天之上别有一上帝，则实仍是分别之物，而异于中国之所谓神矣。

近人又分一神与多神之说。中国所信乃多神。实则物各有神，一物一太极，物物一太极，则多神即一神。西方人所信之一神，必分别于万物之外，则此神亦犹一物，而异于他物。故曰："恺撒之事恺撒管。"斯亦又任其自由矣。

## （九）新与旧

今人好作新旧之争，又莫不喜新而厌旧。实则新旧只是一名词分别。就时间言，今日之新明日已成旧。就空间言，彼此两地亦必互见为新。新与旧只是各人心理上一感觉，并无绝对客观之存在。安于旧，乐于旧，则觉新亦可喜。喜新厌旧，则会感到一切尽可厌无可喜。

婴孩初生，只觉其眼前有新无旧，欢乐无上。及中年，则觉生命中新旧参半，而新的受旧的限制，不能如婴孩乃至未成年前之快乐。待其老，旧日增，新日减，此下更少有新可得，将觉人生可悲可厌。实则不然。旧本都是新，老年人经历愈积愈多，愈感充实，凡所回忆，全是往日之旧，但亦甚感快乐。

人当幼年时，倘一心向前，认为人生可乐尽在前，忽略其眼前之实际，白白空空过了，则将造成其悲苦之一生。如知得眼前即是一新，可喜可乐，待到晚年，回顾以前，亦可感到同样喜乐。故凡属人生，在其当前莫不是新，同时亦莫不是旧。无分老幼，尽若可喜可乐。主要则在己之一心。孟子曰："大人者，不失其赤子之心者也。"正谓赤子心中无分新旧，只觉前面一片快乐而已。

今日则竞务趋新，同鄙守旧。然人生至十八二十岁，始为成人，而已积有十八至二十年之旧，又何可舍，又何能全不记忆起。方其趋新，又转瞬即旧，人生乃尽属可鄙可厌，惟有远去国外，庶若获一新生。故近代知识青年，首以出国留学为期望。中年人事业稍稳，财富稍盈，亦惟求其子女先能出国。待其老年，出国定居，亦庶终获一新生。所谓不到黄河心不死，今日国人生活已有此一景象。举国尽厌其旧，只言兴国与建国，则又从何处兴起建起。

老子言："民不畏死，奈何以死惧之。"生可厌，即死无可畏。一般人既无出国之望，亦无日新月新之业，厌生之情不可制，则惟求一时之快。如交通事故之屡丧其生，而终难诫止，亦即其一端矣。喜新厌旧之风，今已举世皆然，惟中国为尤甚耳。

今由新旧转言动静，人能安其心，静其心，当前自足，则毕生可乐，而日新月新之境亦不期而自至，不召而自来。此之谓静有动，动有静，即是一神妙。果以己心验之，则实况亦易知，非所难解。

濂溪《太极图说》言："主静立人极。"又曰："无欲故静。"心有欲则动而不静，心无欲则心虚自能静，而又静中能有动。如婴孩饥自会啼，寒亦啼，倦亦啼，与之食，与之衣，使之睡，则安矣。然婴孩非知有求食求衣求睡之欲，虽有啼有笑有恬有安，亦一片天真，事过则忘，其心则虚，所谓静无而动有者是矣。及渐长，始知有欲有求，又能有记忆，实则在其生命过程中，其心仍是虚仍是静，乃能日新月新而然，非先有一欲求以达此也。逮其长大成人，当仍该如此。孔子七十而从心所欲不逾矩，此则可谓其不失赤子之心而然矣。虽曰有欲，实非欲，《中庸》则谓之率性，此为中国理想人生之最高境界，乃为人生之至乐。今人之厌其生而惟感不足者，则亦喜新厌旧之欲为之祟耳。

依世界人类宗教言，印度婆罗门教定人为四等，首为婆罗门，最贵，惟掌教。次刹帝利，主政，然隶于教。最末则为贱民。历久不易。故印度不能成一国。而衣食粗足，亦以其心少欲，则亦终能相安而不乱。耶教则生前所欲，恺撒主之。死后所欲，耶稣主之。政教分，而终不治。伊斯兰教一手持《可兰经》，一手执刀，以教主政，以死后统生前，而终亦不治。中国亦分人有等，曰圣曰贤，曰士曰庶，人生当自求历级而上，而曰圣希天，达于天人合一之境界而止。天乃一大自然，无新旧，无动静，亦新亦旧，亦静亦动，而无欲。此非深透体会于大自然生化之妙者不与知。濂溪之辨物与神亦正此意。实则物可通于神，神亦本于物，无大异也。神物如此，新旧亦可推知。故中国自古亦甚少新旧之辨。

《通书》又有《理性命》章，谓："万为一，一实万分"，此七字涵有甚深妙义。如性命与理，无不随人随物随时随地随事而异，而实出于一。通常多认为一积为万，而不知乃由万生一。中国人言天地，言宇宙，言世界，莫非言万之为一。有万代，乃始有一代。有万方，乃始有一方。先有万人之大生命，乃始有一人之小生命。西方人好言个人主义，而不知个人实由大群生。激而为社会主义，实则仅知有当前之多数，而不知无穷代之大多数。与中国人之言天地宇宙世界者仍大不同。

今试问，先个人乃有社会，抑先社会始有个人。亦如人分男女，禽兽亦有牝牡雌雄，植物亦有阴阳配合，乃始有生育。但最先微生物则可谓无阴阳之别，可见生物进化亦由合而分，非由分而合。此乃天命之一例。故《通书》本章言："二气五行，化生万物，五殊二实，二本则一"也。朱子论理气，亦谓二者无先后。若必追问，则理当先。故中国人所认识之真本源，所理想之大归宿，必本于万象之大同处，即朱子所谓之理气是也。而西方则转本之于各自之小别处。即如宗教，亦言有上帝，有灵魂，却不问上帝与灵魂更由何来。则纵在天堂，亦仍见有分，不见有合。上帝可以支配灵魂，则灵魂复何有自由平等独立可言。朱子言理气，又必申明能在气，不在理。理既无能，又何得生气，则此气乃自然生。然自然仍是一理，则岂不万种自由，莫非平等，莫非独立，而实属一本乎。中国人则谓之天。孟子又曰："莫之为而为者谓之天。"则天亦一自然。当知此自然之然，与此自然之自，仍在合中有分，则知天地之奥秘矣。今以俗语翻译，则自然当称自己这样，只这样才始见自己，亦只自己才始有这样。种种活动，种种变化，种种能，则惟见在这样这样上，而自己则总是一自己，如无能，如无变。这样即是一气，气中有理。万物之各自有一自己，此即是理。今称这样与这样之间有分别，乃见理。何以有此分别，则仍是这样自己生出此分别。故朱子理气二字，实即道家之自然二字。惟自然合成一语，而理气分成二字，则更见分明耳。朱子之理气论，则似不能不说乃由濂溪此章来。亦可以说，濂溪此章早已启其端矣。

今再言西方宗教信仰，天堂中有一上帝，有众多灵魂。若果不再追问其何由来，岂不亦可说是自己这样。而社会人世同是自己这样，则岂不人世即如天堂。中国人言性，即如每一人之灵魂。言命，则如灵魂上面之上帝。上帝与灵魂之间，应有一分别，此即性命之理，一切都是自己这样。则一天人，合内外，即当身而便是，更何必追求此天堂中之上帝与灵魂。又如佛教东来，释迦牟尼大慈大悲，救苦救难，我不入地狱谁入地狱，则我今在地狱中，岂不亦如释迦牟尼。只要我心一转，亦以慈悲为怀，亦以救苦难为务，则当下即涅槃，即身成佛，立地成佛，而佛世界亦即在尘世间。故耶释之与吾儒，仍可三教合一。而中国社会则同时即天堂，同时即涅槃，机关转捩只在一心。自己这样，便就自己这样了。此乃中国观念，中国理想，亦即中国传统文化精义妙旨之所在。

《通书》有《文辞》章，谓："文以载道，文辞艺也，道德实也。不知务道德而第以文辞为能者，艺焉而已。"孔子以六艺教，又曰："游于艺。"艺非不可要，但当先志于道，据于德，依于仁，而后始可言及艺。如植五谷，亦言艺。制造器物，亦言艺。即礼乐射御书数皆属艺。如今人言艺，属工具，属手段，非目的。道始是其目的。诗三百，周公以之治国平天下。孔子曰："辞达而已矣。"然有心之所怀，而未可倾以达者。屈原为《离骚》，太史公说之曰："离骚犹离忧也。"屈原忠君爱国，忧之深，而未可倾情直达其辞乃若不可骤晓。而《楚辞》遂继诗三百而为中国文学之所宗，其艺可谓之高矣。

孟子言仁之实，义之实。而曰："智之实，知斯二者弗去。礼之实，节文斯二者。乐之实，乐斯二者。"则礼乐皆属艺。智亦属艺。惟仁义始是道，人之为学岂有舍道以为学者。中国人知各项学问必当会通合一于道。而近人之为学，则必分门别类，各成专家，乃至不可和合。此则中西双方智之不同之所致也。

如古希腊有荷马，沿途演说，种种故事，动人听闻，乃为西方文学之祖。在荷马心中，所欲表达者，究为何等道义。其实亦如商品化，耸人听闻，供人娱乐，斯已矣。此即独立成为一项文学或艺术。陆放翁诗："斜阳古柳赵家庄，负鼓盲翁正作场，死后是非谁管得，满村听说蔡中郎。"此乃中国文学之末流小节，而正是西方文学之大本真源所在。中西文化相异，亦由此见矣。

《通书》有《势》章，谓："天下，势而已矣。势轻重也，极重不可反，识其重而亟反之，可也。反之，力也。识不早，力不易也。力而不竞，天也。不识不力，人也。天乎！人也何尤。”中国人主一天人，合内外，识与力在人在内，势则在天在外，故曰“天势”，又曰“时势”。孔子曰：“道之不行，我知之矣。”是孔子已识其势之不可反矣。然势只在轻重之间，只是一数量问题。轻重之分即是理，则势亦仍是一理。惟有常理有定理，无常势定势。势有变而理无变，理有必争势有不可争。故中国人重理不重势。理在我，尽其在我斯可矣。物极必反，在我无躁心，安以待之而已。西方人重外，势则在所必争，但亦终有不可争者。第一次世界大战，英法人与德人各在壕沟内，呼吁祈祷，上帝助我，早获和平。然上帝究助谁，两边壕沟中人各不知。既所不知，复亦何争。孔子则曰：“我之祷久矣。”安分守己，乐天知命，尽其在我，斯不争。识之早，则易为力，此乃中国人生。否则且安毋躁，此亦中国人生也。

势亦有动静之分，如言时势，则属动。言地势形势，则属静。中国乃天下一统的民族国家，就历史文化大统言，其全国首都宜在北方黄河流域，不宜在南方长江流域。又宜在黄河上游，不宜在黄河下游。周室东迁，静势已变，不易再振起。孔子以平民讲学，后世尊为至圣先师。然曲阜孔林仅供全国瞻仰，两千年来之贤士大夫，能至孔林一瞻谒，此乃毕生幸事。然曲阜终不能为人文荟萃集居讲学之所，则地理形势所限，亦无可奈何者。战国时，齐秦东西对峙，齐之临淄稷下，为学术集中区，然统一大业，终不在齐而在秦，此亦有静势使然。

汉唐建都长安，最得静势之宜。政治首都同时即为人文荟萃之区。东汉都洛阳，其势已不如西汉。宋都汴，地理静势最下。宋亦为历代统一政府中最弱之一代。其时人文则集于洛阳，皆避首都不居，是亦静势使然也。濂溪湘籍，终隐庐山，非二程继起，理学亦难弘扬。横渠游洛而名彰，而关学终自成一派别。朱子居闽，象山居赣，别有湖南与浙东。学术分野，皆由地理静势助成之。明清建都燕，而学术人文则荟萃江南。阳明生于浙，而为江西巡抚，其学流衍之盛，亦得地理静势之助。而东林起于无锡，亦江南人文荟萃区也。清乾嘉之学分吴皖，实则皖学自戴东原北游京都，传其业者亦多在吴。论述中国历史人文，不得不兼重其地理静势之归趋。

西方地理形势易于外展，艰于内集。无论在政治上学术上，易分不易合，此亦静势所限。而各地气候不同，此亦一种静势，其影响人文者皆至大。近人好论中国印度欧洲文化三系统，大体可以天时地理之静势为之说明。濂溪所谓“天乎，人也何尤”，此之谓矣。

《通书》论势偏人事，偏动势。故特加静势一边以资发明。司马迁言：“明天人之际，通古今之变。”势者，即天人之际，而古今之变亦无以逃之。明乎此，则知人事之用力所向矣。

《通书》又有《刑》章，其言曰：“天以春生万物，止之以秋。物之生既成，不止则过，故得秋以成。圣人法天，以政养万民，肃之以刑。民之盛也，欲动情胜，利害相攻，不止则贼灭无伦焉，故得刑以治。情伪微暧，其变千状，苟非中正明达果断者，不能治也。天下之广，司刑者，民之司命也。任用可不慎乎。”今按：势与刑不仅孔孟儒家所不言，即庄老道家亦不言。孔子曰：“子为政，焉用杀。”老子曰：“民不畏死，奈何以死惧之。”而濂溪独主为政以刑，何以故？盖《通书》一本之《易》，《通书》此章亦引《易》之讼卦与噬嗑，同在《易》之六十四卦中，举世事变，无不涉及。战国时有阴阳家，乃兼儒道，而言五行，则秋之刑杀，亦所不避。濂溪言阴阳，亦必兼言五行，则宜其有此章矣。

西方人争势重刑，既不讳言，复加提倡。今日国人崇慕西化，但又言文化复兴。窃意倘治《易》卦，又兼究阴阳家言，庶于西化易接纳，而亦知安插适当之地位。如《通书》，可为道其先路矣。

# 《近思录》随劄上

## （一）

朱子编辑《近思录》一书，凡分七篇十四目。首为道体，此两字即有大讲究。全部中国学术史，可分四大变。尧舜以下迄于孔子，可谓王官学时代。其时则学在王官，少及社会平民。孔子以下，百家言兴起，学术下降民间，为中国学术一大变。

孔孟儒家主要在言道，备见《语》《孟》两书。墨翟继孔子，亦言道，惟反孔子之道以为道。儒墨以下，共分八家，皆言道，而所言各不同。《庄子·天下》篇言："道术将为天下裂"，是也。战国末期，天下渐趋于一，言道者亦渐趋于一。吕不韦著《吕氏春秋》，汉初刘安为《淮南王书》，皆广招宾客，折中群言以归一，即学术亦求统一之明证。汉武帝采取董仲舒对策，表彰五经，罢黜百家。而学术重定于一尊，是为中国学术之第二大变。

汉武以下，可谓废止孔子以下之百家言，而重振孔子以前之王官学，乃以孔子与周公并尊，则实已会通家言于官学，亦可谓择一家言以重定为官学。而孔子乃为此下两千年中国学术史上之主要中心人物。

东汉末天下乱，政治复趋分裂，学术又随而变。先则庄老道家言再兴，继则印度佛教东来，于是道分为三，曰儒、曰道、曰释。隋唐复归统一，政治变于上，而学术则依然是儒释道三分之局面，此为中国学术之第三变。

唐中叶，韩愈倡为古文，曰："好古之文，乃好古之道也。"提倡辟佛，而以孟子之拒杨墨自比。著为《原道》篇，又有《师说》，曰："师者，所以传道授业解惑也。"愈之论学论道，主要在孔孟儒家。宋兴，韩愈之言始昌。其先犹多偏在政治上，及神宗后，新旧党争，而北宋亦随衰。周濂溪始创道学，精阐孔孟，程明道伊川兄弟及张横渠继之，北宋道学遂立。其为学与汉唐儒有不同，主要在反老释，创新宇宙论人生论，更近西方哲学家言。宋史特立《道学传》，以分别于两汉以下之《儒林传》，其事未可厚非。此为中国学术之第四变。

以前儒家求道明道传道，偏重在人群治平方面。庄老道家始推论及于宇宙自然。体用二字兼言，始于东汉末魏伯阳之《参同契》。亦道家言。道体观念之成立，最先应起于此。佛教东来，主要亦先言宇宙，乃及人生，与中国道家言较接近。惟战国邹衍阴阳家言，会通儒道，亦先推论宇宙，而归极则在人道方面，实近儒。《中庸》《易传》后起，亦会通儒道，可谓古代之新儒家。周濂溪论学多本之《易传》《中庸》，而又时及阴阳家言。横渠著书亦多本《易》《庸》，独二程更多引孔孟。要之，此道体观念，可谓先秦汉儒皆未之有。宋代道学家反老释，亦兼采老释，道体一观念，则为讲究周张二程四家言者，一最重要纲领所在。

下及清代，学术又变而未定。西学东来，学术上又再变，而至今仍未定。此处不详论。惟一事必当郑重提出者，西方学重分别，中国学重和合。西方一切学问分门别类，各成专家，并无一共通观念，故不言道。惟宗教家言似近道，但专言灵魂，不仅与中国儒家相异，亦与老释相异。故西方政教分，其宗教之涉及人生方面者，乃自先有了一大限。既主自由平等，惟不犯法律规定，岂不人人各可有一道。中国人言道，无论其为人道天道，皆有统有体，又必会通和合为一。此则中西双方一大不同处。

今再细言之，中西双方道不同。单就中国言，亦可谓儒、释、老三家言道各不同。专就儒家言，亦可谓先秦孔孟言道与宋代道学家言又有不同。而专就北宋周张二程四家言，又各自有不同。惟中国人言道则终有其大同处。朱子举道体二字为《近思录》全书之第一目，可谓用意深长矣。

今再以现代语简约言之，道可谓是理想的人生。具体人生，古今中外，人各不同。但可有一超时空的抽象的更高理想的共同境界，并融会天地万物大自然而和通为一，此即宋代理学家所谓之道体。

## （二）

第二目为学大要。紧接上目，可知人之为学，主要即在学道。古今天下人，同生此大道中。道同，斯学亦同，而人与人乃能和合成群而无争。故中国得成为广土众民一统之大国，又绵延五千年迄今，为并世其他诸民族所无有。此皆由学统政统道统和合成一文化大传统之所致。

或谓中国有道统，无学统。此亦可言。学必统于道，如古诗三百首，即归入五经道统中。继之以屈原之《离骚》，忠君爱国，亦以道重。中国文学渊源《诗》《骚》，则文统于道可知。此下如司马相如，乃至曹孟德父子，其为文亦莫不引道以自重。而韩昌黎则谓，好古之文，乃好古之道，则文不离道更可知。有人言，近代新文化运动，反孔即提倡新文学。乃与晚明之李卓吾，先后如出一辙，亦可证矣。

文学然，史学亦然。司马迁《史记》，即自称效法孔子《春秋》。子部亦莫不然，战国诸子各成一家言，亦各言道。道不同，斯学不同。惟西方则有学统，无道统。哲学主求真理。中国人言道，重在人文之内。西方人言真理，则重在人文之外。外于人文以求真理，历古今数千年来，西方哲学家人持一说，乃终无一真理可定。西方自然科学，亦重求真理，似更客观。然限于事物，亦终不能获得一相通共同真理。如天文学家发现地球绕太阳，非太阳绕地球，其理亦限于其事而止。如力学家发明万有引力，其事始于说明苹果之落地。如生物学家说明生物进化，由微生物迄于人类，其所得理，亦限于生物进化一事而止。格物穷理，一理限于一物，于人文大道终有隔。宗教则宣扬灵魂上天堂之事，与科学若相违反，但其限于一事言，则与科学正相同。

事事有理可求，独人文大道无可求，乃曰自由，曰平等，曰独立。人各自由，而求一共同当遵者，则惟以多数为归。多数非即真理，但今日西方人道所尚，则惟多数而止。故西方学则贵专家，道则尚多数，可谓有学统无道统。

中国亦有科学，亦有专家，惟论人生大道，则不在此。如医学在中国，亦有甚深造诣，亦有统，但治病仅人生中一事，故医学非即道统。西方之学各专门，皆平等。中国则有大道小道之别。又西方诸学各可独立，中国则各学皆一遵于大道。樊迟问为农为圃，而孔子曰，小人哉，樊迟也。故诸学遂各独立有统，而其上仍有一大统，曰政，曰教，而道则其更高大统也。故为学大要，则莫大于明道传道。

西方人为学，虽不重道，然人群相处，则终不能无道。今日西方亦有两大道，一曰个人自由，一曰社会集体。民主政治由个人自由来，尚多数。共产主义由社会集体来，则又转尚少数。相互矛盾，其病皆由学不重道来。墨翟尚兼爱，其道似近社会集体。杨朱主为我，其道似近个人自由。但孟子拒杨墨，两家之道皆不传。惟道家兼辟儒墨，其道似近杨朱。但得传，与儒为二。佛教东来，与道相近。魏晋南北朝以至隋唐，儒道佛三家并行。有宋理学家兴，三家始又归于一。明末大乱，满清入主，学人又因而思变。逮及乾嘉之世，清政定于上，社会安于下，一时更难变。道咸以下，清政衰，而西力东渐，中国学术遂趋于一大变之势。故此三百年来，中国学术始终在一变而未定之阶段中。虽历时已久，然较之魏晋以迄五代之一段，则为时尚暂。此下之变，殆惟两途，一则模袭西方之有学统无道统，此正近代国人所努力。一则返于有道统无学统之旧。然如周张二程，迄于朱子，理学规模乃定，则宜非一两人在短时期中所能成，正待国人贤达之继续努力。《近思录》一书，乃其足供参考一前规。

## （三）

第三目格物穷理。理字始见道家庄周书，佛家亦承用。华严宗更重此理字。宋之道学又称理学。朱子谓盈天地宇宙大自然仅一气，气中即见理。司马迁言：“明天人之际，通古今之变。”天人古今皆一气，各有分际。人道非即是天道，故有际。今之道亦异于古之道，故有变。理即于此见。俗语道理二字连言，不再分别。

盈天地有万物之分，贯古今有万事之别。朱子注《大学》言：“物，犹事也。”格物穷理乃即万事万物以穷究其分际之理，而道自明，如是则求知自亦为学中一事。司马迁所谓明天人之际通古今之变，亦即朱子之所谓格物穷理。故行必兼知，而知必成行，两者和合为一，始是学。西方人学重知，次及技巧，虽亦千变万化，然只人生中一部分事。中国人为学，则务求会通人生全体，此又其异。

近人以朱子言格物穷理谓近西方科学精神，此则亦当辨。西方科学重在自然物上，由此发明出种种技巧，供人利用，而或有大违背于人道。如最近之核子武器是矣。朱子格物穷理，则以人生大道为出发，为归极。故西方之学知有理而无道，中国人为学则穷理即以明道。读《近思录》者，自首迄尾，顺序读之自知。

## （四）

第四目存养。《中庸》言："天命之谓性，率性之谓道。"儒家言人道，本之天性。性所表现曰心，曰情。而心统性情，尤为主要。故为学更重心。心有生命，有成长。心有学，为道心。心不学，为人心。道心惟微，人心惟危。故必存其道心使不亡，养其善性使日成；而后七情得中，而天下和。故存心养性，为中国儒家讲学主要一纲目。道家亦重心，故中国人为学，儒家外常兼采道家。佛家亦重心，而儒释道三家论修心工夫各不同。陆象山论学最主心。明代王阳明继之。陆王之学，亦称心学，均偏重存养。朱子则存养与格物穷理并重，始为内外交尽，心物并重，得儒家孔孟之正传。《中庸》所谓尊德性道问学，惟朱子为得其全。

孔子十有五而志于学，七十而从心所欲不逾矩，始为志学后最高理想之境界。至于三十而立，四十不惑，五十知天命，六十而耳顺，则全在对外应接格物穷理之阶段中。论其心，则仁。对事物，则智。仁智交尽，始达圣学之最高境界。至是则群而即己，天而即人，宇宙大自然即学即道，即是一己之生命，内外相互和合成为一体，亦可谓只是己之一心，而更不见有其他分别矣。

西方人为学重外不重内，重物个重心，乃无所谓存养工夫。宗教若有存养，然系灵魂直通上帝，与中国所重人与人相通之心亦不同。总之，西方之学过分注重外，而对人心失其道，则举世终不免于乱。故西方人所谓物理，则仅只为物理。其所谓心理，亦实只是物理。人群大道则只在法律中，而法律只在禁止人之某许活动，中国人之所谓道，则在引导人走向理想人生，为人生全体一大活动，一消极，一积极，其义又大不同。故可谓西方无道，无道则乱，亦其宜也。

## （五）

第五目改过迁善，克己复礼。如上四目，可见中国人为学主在学为人，学为一理想人。天地生人，固属平等，然由于学与不学，则有君子小人邪正善恶品格之分。西方为学尽在外，其在人群中，只求不犯法，法之外每一人各可自由。求富求贵，则必争。中国则重人道，行道始是自由，其于道之践履与到达，又有大小远近之别。故中国人惟求各自志于道，又务其大者远者，以求得为一理想上最高标准之人。不在与人争，乃在与己争，于是乃有改过迁善克己复礼之此一目。

人之为学，始知在己有过，则必改。始知于道有善，则必迁。中国人之从事于学，主要在为一善人，而达于贤与圣。若富与贵，财富与职位之相较，与人品不相关。非如善人，即人是善，即善是人，乃属一体。己者，乃人之所得私。礼，则为人与人相交和合而见之共同体。人之为学，即为人之学，则重在克去己私，而归入于人群之共通人体中。人固由天而生，然天之生人，则为生此群，非为生群中之一己。西方宗教言亚当夏娃，其观念已偏重在己不在群。但亚当夏娃又必同时而生，故中国人以夫妇为人伦之首。故为人之学，首当克己复礼，始能成伦。各私其己，则不成伦，又乌得谓之人。或又疑礼为人制，朱子说："礼者，天理之节文。"斯得之矣。

改过为儒学极重大一要目，此事又当深论。儒学重在明道行道，孔子十五志学，三十而立，四十而不惑，五十而知天命，是在明道阶段。故曰："五十以学，亦可以无大过矣。"但孔子五十出仕，终不得意，而去鲁至卫，又至宋，周游在外十四年。而曰："道之不行，吾知之矣。"是孔子之老而返鲁，亦即孔子之知过而改也。故孔子闻蘧伯玉之欲寡其过而未能，而深赞之。亦可见孔子之晚年心情矣。孔子早期施教，重言语政事，皆重有为。晚年之教重在文章，则务求明道，不汲汲于行道。惟冉有之出仕季孙氏，使季氏富于周公，乃曰："冉有非吾徒也，小子鸣鼓而攻之可也。"则孔子之对当时现实政治，已抱一种消极态度矣。《论语》陈成子弑简公，孔子沐浴而朝，告于哀公曰："陈恒弑其君，请讨之。"公曰："告夫三子。"孔子曰："以吾从大夫之后，不敢不告也。君曰告夫三子者。"之三子告，不可。孔子曰："以吾从大夫之后，不敢不告也。"此乃孔子晚年意态，实经其周游返鲁之一番改过后始然。此当郑重阐明者。孟子之辞齐位而归，亦其年老改过之一端。司马迁《报任少卿书》，一意惟求完成其《史记》一书，不再以预闻政事为务，此亦其晚年之知过而改也。其他不缕举。下至周张二程，昌明道学，汲汲于明道，不务于行道，此乃鉴于当时之新旧党争，而为悔过知变，改弦易辙之一道。此为世运转移一大机。今或以日常人生一言一行之小过小失，认为乃当时理学家注重提倡改过大义所在，则又失之矣。有志讲究中国儒学史进展，倘能于此改过一节，审细求之，则庶乎能见其大。孔子之为圣之时，当于此求之。

## （六）

第六目齐家之道。儒学重在学做人。由己学做一人，孔子谓之为己之学。生物中惟人之成长期为最长，中国古代有冠笄之礼，男二十而冠，女十八而笄，始为成人。但仍是一自然人，必有教，乃成一文化人。中国人重孝弟之道，主要则在未成年前。及婚娶成夫妇，又为父母，乃有齐家之道。家为己之生命之扩大，实亦己之生命之完成。己与家和合成为一体。西方个人主义，己与家显相分别。

中国以农立国，对天地自然界有深厚感情。故对家庭亦感情深厚。西方如古希腊，以商立国，重功利，轻离别，家庭情感较淡。柏拉图《理想国》，无家庭观念。儿童公育，职业亦由公家决定分配。个人以上，直接为国，而个人无自由可言。马克思之共产主义，则为世界主义，不再有国，但仍不能无夫妇君臣之分别，仍不得人人自由。最近美国盛行男女同居，婚姻制度渐遭废弃，如是则真成为个人自由，但仍不能无政治上下关系。倘此下人生，真能无家无国，则如何由个人直达天下，为西方理想所寄者似所距尚甚远。即使一旦无政府主义出现，人与人间苟无深厚感情，则此大群，又如何得和平相处，此诚人类之惟一大问题。

中国人则首重此人与人相处之感情。此一感情，由天生之男女长幼之大分别上来养育长成。故夫妇父母齐家之道，为中国传统文化最要纲目。至于在物质生产上作如何打算，求如何进步，则转属次要。此亦中西文化上主要相异处。

## （七）

第七目出处进退辞受之义。自孔子以平民讲学，中国社会乃有士之一阶层，为四民之首。学而优则仕，膺政府职位，乃有出处进退辞受之义。《论语·学而》篇第二章，有子言孝弟为仁之本。第四章，曾子言忠信，则为义之本。在家重仁，出门则必兼重义，仁义为儒学大纲，一重内，一重外，故以此继齐家目后。仁则可化己为群，义则求群中存己，明得仁始知义，故辞受出处进退终必义而不违于其仁，此则全在一心之斟酌。

## （八）

第八目治国平天下之道。士人出膺政府职位，亦有为贫而仕者。然治平大道则平素即当讲求。范仲淹为秀才时，即以天下为己任。顾亭林谓，天下兴亡，匹夫有责。然有辞有处有退而不出仕者。子路、冉有、公西华、曾点四子言志，而孔子独与点。因三子皆志于进，而曾点独在退处一边。中国人言学，必于修、齐、治、平四层次能一以贯之。故治平之道，主要亦在学人一己之心之存养。但己心存养，必兼内外。果使仅主心性，而不及民物，则心性非心性，而存养非存养矣。西方学主分门别类，各为专门，学政治亦仅为一专家，其志其业拟若有进无退，其他学者则尽多置国事民情于不问。故近代西方言政治重多数，而多数实不以政治为重，此亦中西一大相异处。

## （九）

第九目制度。中国人言治平之道，重在制度。杜佑《通典》，马端临《文献通考》诸书，皆详言中国历史上各项政治制度之演变。近代国人，皆言秦以下中国政治为帝皇专制。试读杜马诸书，可知其非。历代各项制度，亦各有是非得失，均当从道体上来作衡评。中国人言道既先后融贯为一体，故中国历代政治制度亦相承为一体。朝代更易，有断代史，而记载各项制度之书则号为通史。北宋周张二程四子，大体言之，可谓是退而在野，非进而在朝。其为学亦不重在当时实际政治之各项现行制度上。而朱子编为此书，仍必设有此目，亦可见中国学人治学论道之大体。此目中所收四家言，亦更可窥其持论立说之大意所在矣。

## （十）

第十目处事之方。中国人言道言学，修齐治平乃其大者。在其日常人生中，交接、应对、酬酢、迎送，虽小事，亦必有道。孔子所谓“吾无行而不与二三子者”是也。孔子又言：“举一隅，不以三隅反，则不复。”日常小事皆人生一隅，一隅之道，可通于他隅。会合四隅，乃成一大方。故一隅即一方，《易》言直方大，不直不方又何以成大。古人言方术二字，均指道言。如言方技，则技亦必通于道。今人言方法，则意在功利，不属道义。此目言应事之方，即犹言应事之道。惟事属一隅，故用方字。细诵此目所收诸条，可悟当年理学家处事之大原则所在。今吾国人则竞言方法技术，亦可为吾民族国家传统文化将有大改变之一端兆。

## （十一）

第十一目教学之道。诵上诸目，可见当年理学家为学所重，亦即其施教之所重矣。学与教，皆有关人生之大全体，故言道，不言方。近人治学好言方法，依中国文字言，法亦术亦道，亦属大全体。故合道始可法，不学则无术，术亦道也。今人言技术言方法，则皆涵功利意，技巧意，而道义则可置不论。此则决非中国传统文化之宗旨所在。

## （十二）

第十二目改过及人心疵病。全书十四目，惟改过二字重见，亦可见朱子当时编为此书特重此两字。重功利，则惟言进步。重道义，则无进步可言，惟求改过。而一切人事过失，其本源则尽在心，工夫亦尽当在心上用。理学家始言气质之性，则性上亦非无病。但变化气质，工夫则仍在心上用。心须存养，以待长成。程朱多言性即理，陆王乃言心即理。但理无可改，亦无所谓病。性与心皆有病，而工夫则尽在心上用，不能在性上用。故自为学工夫言，程朱言性即理，较少失。陆王言心即理，则多失。今人又好依西方哲学家言批判程朱陆王之是非，则又隔了一层，非能真搔着痒处矣。

## （十三）

第十三目辨异端之学。先秦诸子，惟道家庄老与儒家孔孟立言最相近。但庄老多本自然，孔孟则本人文。庄老非不言人文，孔孟亦非不言自然，但立言本源异，则推演所及亦必异。故后起儒学每视庄老道家为异端。佛教主出世，其为异端更显然。然虽属异端，而同属求道。称为异端，亦可同归一体，有和通求合义。故儒释道三教，亦每在中国社会并行。不如西方之有宗教战争。

北宋儒学特起，胡瑗讲学分经义治事两斋，即西汉通经致用之义。仍侧重政治立场。而道释两家，则偏重社会下层做人，道不同不相为谋。欧阳修本论主由政及教，政治昌明，则异端自熄。王安石退相位仍亦治佛学。而新党中如苏东坡诸人，亦多兼治道家言。周濂溪虽亦从仕，迹近隐沦，又好与方外游。其志则重明道更重于为政。二程兄弟幼年闻其说，及其自为学，亦出入释道，返之六经而始得之。则所谓辨异端，非不致意于异端之学，乃从异端中阐明出正道来。横渠幼年，范仲淹授以《中庸》一书，此书即会通儒道两家。《易传》亦如此。横渠著《正蒙》，亦多本于《易传》。故横渠之学，兼采《易》《庸》，取径与濂溪相近。二程则多引《论》《孟》。要之，皆是辨异端以归于正道也。近代人又有谓，横渠或有染于当时传入中国之回教。不知辨异端乃明辨双方异同，自必兼通双方。非治儒家言，即拒不窥释道书，以门户闭塞聪明，则又何从而辨之。当时理学家由来非如此。近人或疑理学家亦颇杂道释两家义，谓其持论不纯。或则讥其阴释阳儒，有悬羊头卖狗肉之嫌。是皆不识辨异端之学五字义。近人常有以西方哲学家言来阐释理学者，或谓其有意会通，但求为会通，仍先当明辨其异同。若以彼一方来解释此一方，则此一方真义已沦灭不彰，更何会通可言。

## （十四）

第十四目圣贤气象。中国儒学最要是在如何做人。道释两家亦然。惟道家偏主隐退，释氏偏主出世，而儒家则修齐治平主要在做一圣贤。家国天下，事事兼顾，则头绪多，变化繁，贵于因时因地因位，持宜得中，无一定之规格。不论尧舜禹汤文武周公，即如伊尹伯夷柳下惠，时不同，地不同，位不同，其行为事业亦各不同，而同为一圣人。孔子集大成，圣之时者。然后人学孔子，亦有后人之时，不能与孔子同。宋代理学家提出气象二字，如天有阴晴晦明，气象不同，而同为一天。要之，此等气象则为天之气象，乃可于不同中见同。人之具体行事各不同，果为圣贤，则其行事虽不同，而气象则亦大体相同。学圣贤，非可依其时依其位学其行事，如知学其气象，则庶可有入德之门，亦可期成德之方矣。然所谓圣贤气象究何指，则不如阴晴晦明之易见易知。能依此目所言反之身，求之心，则亦近在一己身心之内，庶可俯仰而自得，亦可朝夕于斯而日进无疆矣。此为有宋理学家一绝大新发明。通天人，合内外，即小以见其大，即近以求其远，难于言宣，而可以神会，此乃为学做人一条极高明而又极中庸之道路，有志圣学者绝当注意。此书十四目以此为殿，其意深远，学者可细玩之。

## （十五）

朱子编《近思录》有跋，大意谓："取关于大体而切于日用者，凡学者所以求端用力处己治人之要，与夫辨异端观圣贤之大略，皆粗见其梗概。以为穷乡晚进有志于学，而无明师良友以先后之者，诚得此而玩心焉，亦足以得其门而入矣。”则此书所收当可分两大纲，一曰关于大体，一曰切于日用。实即朱子此后《大学格物补传》所谓：“即凡天下之物，莫不因其已知之理而益穷之，以求至乎其极”也。朱子明谓物犹事也，即凡天下之事，此即每一人切于日用之事。如为子弟，在家奉父母，侍兄长，孝弟之理，即所已知。然而家不同，父母兄长亦各不同，无可依样画葫芦，必因其日常所切，一言一语，一应一答，各自益穷其理，以达于真孝真弟之极。一人然，人人然。一事然，事事然。一旦豁然贯通，而后在外之万物之表里精粗，在内之一心之全体大用，乃无不到而达耳。本末始终，中国人论学每如此。

西方哲学务求其关于大体，而忽其切于日用。下及近代，如美国杜威谓真理如支票，须能在银行兑现，此可谓切于日用矣，但又无关于大体。有始而无终，有末而无本，此则两失之。科学之格物穷理，如由苹果落地发明万有引力，由水锅蒸汽发明轮船火车，此皆即物穷理，可谓其有始终本末矣。但宇宙大体则终不即此而见。物物而分之，事事而别之，以至如文学艺术，可谓皆切于日用而无关大体。故自中国人言之，此皆有学而无道。与中国学人之所欲到达者，大异其趣。此实中西双方学术文化相歧一至要点所在也。

# 《近思录》随劄下

## （一）

《近思录》第一卷道体，凡五十一条，首采濂溪《太极图说》。兹录伊川一条以为例。其言曰："乾，天也。天者乾之形体。乾者天之性情。乾，健也。健而无息之谓乾。夫天，专言之则道也。天且弗违是也。分而言之，则以形体谓之天，以主宰谓之帝，以功用谓之鬼神，以妙用谓之神，以性情谓之乾。"今按：伊川此条大体犹濂溪意，而言之尤明晰。西方宗教信上帝为天地万物之主宰，然如心为身之主宰，心不能外于身而独立，则上帝亦不能外于天而独立。上帝之主宰万物亦如王者之主宰天下，必有辅佐，则为鬼神。故中国古人非不信上帝，而又信多神。近代国人则必讥之为多神教，其地位乃远不能与一神教相比。人死为鬼，亦可为神。诗曰："文王在天，克配上帝。”是即文王之死而为鬼为神，为上帝之辅也。孟子曰：“圣而不可知之谓神。”圣已即是神，不待死后始为神。伊川谓鬼神以功用言，神以妙用言，此可谓深得古人之意矣。孔子曰：“天生德于予。”身体发肤受之父母，然人之德性则不谓其受自父母，而必谓之受自天。故伊川言天有性情，即谓之乾。乾者，健而无息。孔子之学不厌，教不倦，此即孔子之健而无息。而此一德，即可上通于天而为神矣。实则此一德，即自天来。通天人，合内外，即此而在矣。朱子所谓关于大体，此即道体，伊川此条所言天帝鬼神皆是也。朱子所谓切于日用，求端用力得门而入者，伊川此条所言之性情即是矣。孔子不言性与天道，伊川此条主要在言此，然而亦可谓深得孔子之遗意矣。述而不作即如此。

伊川此条言天有性情，此乃人本位之观念。近代国人则必讥之曰主观。然能无主观者其又谁？西方之学外于人以为观，近代国人则尊之曰客观。客观则无定观，故西方之学仅重功用，在己则不言性，在外则不见道体，此诚中西双方文化传统学术思想一大相歧处也。又儒家言天命，道家言自然，实同一体，亦可于伊川此条参之。

兹再引明道一条曰：“天地之间，只有一个感与应而已。更有甚事。”伊川亦言：“有感必有应，凡有动皆为感。感则必有应，所应复为感，所感复有应。

感通之理，知道者默而观之可也。”今按：此两条尤简言之。《易》言阴阳，实只一气。二程言感应，实只一动。实则气即是动。性理大道之体，只此两字尽之矣。鬼神之事，亦只一感应。故伊川又曰：“鬼神者，造化之迹。”二程提出此感应二字，实可谓会通两千年来之文化精义而包括无遗。言人所未言，而实是发明前人所已言。述而不作，妙用如是。亦可谓不啻是鬼神之迹矣。又今人好言平等，若能从感应上言，斯为真平等。由性见情，惟有情始有感有应。近世一切动必求进取，有取无与，所感所应，一出于争夺。争夺必有胜败，何平等可言。

## （二）

《近思录》第二卷为学大要，凡百十一条，兹亦随拈两条为例。明道言：“为学只要鞭辟近里，著己而已。故切问而近思，则仁在其中矣。言忠孝，行笃敬，虽蛮貊之邦行矣。言不忠信，行不笃敬，虽州里行乎哉。立则见其参于前也，在舆则见其倚于衡也，夫然后行。只此是学。质美者明得尽，渣滓便浑化，却与天地同体。其次惟庄敬持养，及其至则一也。”今按：此条即孔子所谓古之学者为己，孟子所谓收其放心也。学者所以学为人。为己者，即己之学为人，故曰鞭辟近里，吃紧为人也。学为人主要在行得通。

人生在大群中，行不通，即不得为人。所谓道，则即是行而通者。立则见其参于前，在舆则见其倚于衡，皆指此道言。人之初学，虽未即明道，但须知此道近在吾前，斯则心存庄敬，其离道亦不远矣。自明其道，乃即与天地同体，斯义难言，惟待学者之心领而神会。

西方人为学，惟务知识。姑就天文学地质学生物学三项言，广宇长宙，即此三项，愈推愈远，愈分愈繁，乌有所谓鞭辟近里者。

伊川言："涵养须用敬，进学则在致知。"此条补明道上条所未及。人心即生命，当有成长。而他心如己心，圣人先得我心之所同然，贵能就圣贤心努力向前，故有进学工夫，斯我心亦日长日成矣。若仅务涵养，未免单限于己心，只注意在自然小生命中，未能进入文化大生命。陆象山言："尧舜曾读何书来"，此语亦不差。但孔子学不厌，斯更有进。文化大生命，亦随以长成。孟子曰："大人者，不失其赤子之心者也。"尧舜在文化大生命中，譬如一赤子。孔子在文化大生命中，则如一大人。孔子未失尧舜之心，惟在涵养外，终须有进学一境，庶使此心日长日成。倘务于进学而失去其赤子之心，则终亦非进学之正途。

又横渠订顽，即《西铭》，曰："乾称父，坤称母，予兹藐焉，乃混然中处。故天地之塞吾其体，天地之帅吾其性。民吾同胞，物吾与也。大君者，吾父母宗子。其大臣，宗子之家相也。尊高年，所以长其长。慈孤弱，所以幼其幼。圣其合德，贤其秀也。凡天下疲癃残疾，茕独鳏寡，皆吾兄弟之颠连而无告者也。于时保之，子之翼也。乐且不忧，纯乎孝者也。违曰悖德，害仁曰贼。济恶者不才，践形惟肖者也。知化则善述其事，穷神则善继其志。不愧屋漏为无忝，存心养性为匪懈。恶旨酒，崇伯子之顾养。育英才，颖封人之锡类。不弛劳而底豫，舜其功也。无所逃而待烹，申生其恭也。体其受而归全者，参乎。勇于从而顺令者，伯奇也。富贵福泽，厚吾之生也。贫贱忧戚，庸玉汝于成也。存吾顺事，没吾宁也。”横渠此篇，二程极所重视。朱子又特为濂溪《太极图说》及横渠此篇作注。惟《太极图说》重在道体，而此篇则重在为学大要，斯其异。

横渠言学重行，学即学于行而已。前言往行，会通合一，而道即在是。孔子集大成，横渠此篇可谓有其意。今人则特好于语言议论方面求之，所谓哲学思想是也。或谓此篇近道家言，或谓此篇近墨家言。近人又谓此篇乃横渠有采于当时流行关中之西来回教家言。不知横渠所躬行实践，则确乎其非墨非道非回，而纯乎一儒。故读中国古圣贤书，贵能躬行实践善加体会。不贵以语言议论轻肆批评。

横渠言知化者善述其事，穷神者善继其志，惟同一志，同一事，乃成为文化传统，而其要则在知化穷神。故必学以明道。曰化曰神，斯即道之体。在己而能知化穷神，则己即与化与神而为一矣。故曰，天地之塞吾其体，天地之帅吾其性。此见儒道宏通，断非偏陷无主可拟。

己既与道而为一，则存之与殁，富贵福泽之与贫贱忧戚，皆一也。君子之无入而不自得者在此。近人则必言环境，环境不仅人人所异，亦复时时不同，何处去觅一合我理想而又安定不变之环境。体其受，勇于从，则无时无境而无不有宜，唯在其存心养性践形惟肖而已。横渠此篇以宇宙大全体为一家，以吾之毕生为一孝子，其实则亦犹有子所谓孝弟为仁之本之意而已。而推而广之，至于无涯涘，能勿忘其为述事继志，则庶乎可领略斯篇主要精神之所在。

西方人主个人主义，或主群体主义。集合个人斯为群体，故主张群体，亦犹主张个人。宇宙万物则仅供各个人之予取予求。乌有民吾同胞物吾与也，能和合个人与群体而为一之想乎。

横渠又言："为天地立心，为生民立命，为往圣继绝学，为万世开太平。"此乃志于学志于道之主要宗旨。又曰："言有教，动有法，昼有为，宵有得，息有养，瞬有存。"此乃言为学功夫。近人则喜言为学方法。功夫用心在一己之内，方法则用心在一己之外，此亦中西为学一相歧处。

## （三）

《近思录》第三卷格物穷理，共七十八条。伊川《答横渠先生书》谓："所论大概有苦心极力之象，而无宽裕温厚之气。非明睿所照，而考索至此，故意屡偏而言多窒，小出入时有之。更愿完养思虑，涵泳义理，他日自当条畅。"今按：近代国人言学好言思想，论及义理，必依循西方哲学家规格，重逻辑，又重组织。实则此皆苦心极力之象，所谓考索至此，而非明睿所照。宋初理学周张二程四家，亦惟横渠最近西方哲学家著书之形象，伊川此书诚堪研讨。

伊川又言："凡一物上有一理，须是穷致其理。穷理亦多端，或读书册讲明义理。或论古今人物，别其是非。或应接事物而处其当。皆穷理也。或问格物，须物物格之，还只格一物而万理皆知。曰，怎得便会贯通。若只格一物，便通众理，虽颜子亦不敢如此道。须是今日格一件，明日又格一件，积习既多，然后脱然自有贯通处。"今按：伊川此条乃朱子《大学格物补传》所本。朱子亦明言，物犹事也。所谓事，即犹上引伊川言书册讲明，别论人物，处理事物，皆是。岂一石一草一蝇一鼠之始为物乎。孟子好言推，而荀子则好言积。积之久，睿智生，乃得贯通。孔子十有五志于学，三十而立，四十而不惑，五十而知天命，始达贯通阶段。而立而不惑，则尚在格物穷理阶段。孟子曰："尽心而知性，尽性而知天。"格物穷理则是尽心功夫。此下须尚有尽性知天一段功夫，始为得其全。此则朱子所谓众物之表里精粗无不到，而吾心之全体大用无不明矣。

伊川又曰："思曰睿，思虑久后，睿自然生。若于一事上思未得，且别换上一事思之，不可专守着这一事。盖人之知识，于这里蔽着，虽强思亦不通也。"今按：今人言学必重思，但孔子曰："学而不思则罔，思而不学则殆"，学与思分言之，亦兼言之。孔子仁智兼言，睿即智，乃积学积思始生，故思曰睿，睿作圣。不能说思作圣。故程朱皆言性即理，不言心即理。心而能睿，斯亦可谓之即理矣。

西方人治学，多重在一事一物上致思。西方科学则先有假说，继之以实验。如讲人事，讲治平大道，岂能以人以群为验，又岂能积数十百年之久而验之。如马克思在伦敦，专从当时工商业发明其剩余价值论，又岂能即此以为全世界人类之治平作标准。故西方人只言思维，不言睿智，而中国人则言思，又言明睿之照，此可谓中国人对人类心理学上一大理论，又岂得遽率断之为不科学。

## （四）

《近思录》卷四存养，凡七十条。兹亦随拈数例。明道曰："圣贤千言万语，只是欲人将已放之心约之使反复入身来，自能寻向上去。下学而上达也。"今按：孔孟之道，乃从人心发出，故读其书，不啻将己心收回，重要在一约字上。如读《论语》首句"学而时习之"，能约束此心在学上习上，这始是己心之反复入身。喝咖啡，看电影，打球游水，种种活动，则是把此心放了，放在外面事物上去。今人谓是娱乐，连把身也放去了。外面事物变，自己身心亦不安不乐。孔子所谓学，乃学做人。打球游水，是人去做事，非做了这事才成人。学而时习，不亦说乎。学是学为人，才始是此心之真乐。周濂溪教二程寻孔颜乐处，所乐何事。明道素喜打猎，闻濂溪言，遂不再喜打猎了。所乐何事四字，真值深研。更要者，则在明道引下学上达四字。所学只是在卑下处，所达始是崇高处。只要此心存在己身，自能从卑下处寻向崇高处。学打球打猎，则尽在打球打猎两事上，最多亦成一专家，更无崇高可言。但尽要在崇高处学，则又是放心，又差失了。伊川言："心要在腔子里"，此即上引明道约此心使反复入身来之义。然须善加体会，心在腔子里，始知有己，孔子教人为己之学，即由此起。知有己，乃知有人，有父母兄弟夫妇。知有家，以至戚族邻里，而有国有天下。《大学》言："自天子以至于庶人，一是皆以修身为本"，即以己为本也。心放出去了，入自然界，则有西方之科学。入形上界，则有西方之哲学。乃至如西方之艺术文学，莫不见心之为用。然此心已不在腔子里。专以此心限在一身，则为个人主义。专以此心投入群体，则为集体主义。西方之学，实亦仍以心为主。伊川言心在腔子里，即孔子为己之学，与西方言个人主义与群体主义皆不同。中国亦有科学哲学艺术文学，并亦与西方不同，其要在此。道家释家亦莫不主心，惟其心亦都不在腔子里，皆离人本位。理学家亦有主屏扫万事，闭门静坐，谓要使心在腔子里，实则大误。程门立雪，则伊川亦静坐。二程亦有时教人静坐，但无事偶坐，与以坐为事又不同。此当从大本源处体会，非一语一义可尽。

伊川又言："人心常要活，则周流无穷，而不滞于一隅。"今按：此语又与上引语相发。离了腔子，乃放，非活。拘在腔子里，又滞，非活。一内外，心始活。今日格一物，明日格一物，即此心之活。故伊川又言："涵养须用敬，进学则在致知。"今按：苟一意涵养，则此心又不免于滞矣。《近思录》乃以格物穷理为先，而存养次之，用意尤深远。朱子鹅湖会后，追和二陆诗，亦云："旧学商量加邃密，新知涵养转深沉。”把涵养新知放在商量旧学之后，商量旧学非即心不在腔子里，而称旧学新知，则即下学上达矣。学者宜深参。

人之生命主要在一心。汤之《盘铭》曰：“苟日新，日日新，又日新。”乃指新其心。《大学》明明德，乃指明其心。果使此心日新日明，至于孔子七十而从心所欲不逾矩，此则始为心即理之境界。孟子曰：“大人者，不失其赤子之心。”此如千仞之木，生于一根，然一根不即是千仞。今日世界危乱不可终日，其病亦在心。此心离了腔子，四出寻觅，终何所得。象山诗：“易简工夫终久大，支离事业竟浮沉。”此亦有一番真理。惟能知以心为学，斯乃是易简工夫耳。故孔子曰：“十室之邑，必有忠信如丘者焉，不如丘之好学也。”有学乃始有养，不能只养而无学，此即朱陆之辨。

## （五）

《近思录》卷五改过迁善克己复礼，凡四十条。伊川言：“颜渊问克己复礼之目。夫子曰，非礼勿视，非礼勿听，非礼勿言，非礼勿动。四者身之用也。由乎中而应乎外，制于外所以养其中也。颜渊请事斯语，所以进于圣人。后之学圣人者，宜服膺而勿失也。”遂作视听言动之四箴。今按：心在腔子里，故能制此四者以复于礼。孔子言仁常兼言礼，仁指心言，礼则指身之事行言。朱子曰：“礼者，天理之节文。”一阴一阳之谓道，然有愆阴愆阳，此亦天道。三年之耕有一年之蓄，则虽有愆阴愆阳而无害。故贵于有人道以应天道。孔子不言天道而言天命。农人之所以三年耕必有一年之蓄者，此即天之愆阳愆阴之所命，本于天道以生，此人道也。死生有命是天道，慎终追远则属人道。葬祭之礼由是而生。礼属人道，亦由天来。三年耕必求有一年之蓄，此属礼之节。葬祭之礼，则属礼之文。天理非即人道，由天理而节文之，始有人文之道，此即礼是矣。庄老多言天道天理，但少引申及人道。主自然主义，非人本位主义，此为其不如孔孟儒家处。西方人为学，好分别。如言天文气象，今日可以推断明日之阴晴。然农学则别为一学，无三年耕必有一年蓄之教。中国人为学，则主会通合一，而终必以人道为主。此则儒学之所长也。

克己二字，朱子言克去己私。后儒力反之，谓克己乃克任其己。人莫不有一己，即私即公。克任己身始能克去己私，克去己私乃能克任己身，其道仍一。礼必通于人己，而理亦必和于公私。有公无私，与有私无公，以及有己无人，与有人无己，皆非礼，非理，皆失之。为学功夫则全在己与私之一边，此之谓人道。

视听言动四者，乃人生大节目所在，岂能一一克去。然亦岂能一一任其自由。人各反己以求，斯自知之矣，何烦多辩。

伊川又曰："损者，损过而就中，损浮末而就本实也。天下之害，无不由末之胜也。峻宇雕墙，本于宫室。酒池肉林，本于饮食。淫酷残忍，本于刑罚。穷兵黩武，本于征讨。凡人欲之过者，皆本于奉养。其流之远，则为害矣。先王制其本者，天理也。后人流于末者，人欲也。损之义，损人欲以复天理而已。"今按：此处提出天理人欲之辨，实即是本末之辨，源流之辨。人欲亦本于天理。今人多为人欲作辩护，其实伊川已言之。故人欲非可绝，乃惟求损以复于本。今人则认人欲之流而愈远为进步。道家言则又过分轻视了人欲。惟儒家言为得其中。

明道言："义理与客气常相胜，只有消长分数多少，为君子小人之别。义理所得渐多，则自然知得客气，消散得渐少。消尽者是大贤。"今按：理在己为主，气在外为客。无客则不成主，无气则不见理。今人专从外面功利上着眼，自理学家言之，则亦为客气用事。此条当与上引伊川言天理人欲本末之辨条合参。言理不能无本末，无主客。若使客气消尽，则孔子之从心所欲不逾矩，又岂大贤而已。人而即天，无内外，无本末，无主客，一以贯之，斯之为道体，而其人则为大圣矣。

横渠言："有潜心于道，忽忽为他虑引去者，此气也。旧习缠绕，未能脱洒，毕竟无益。但乐于旧习耳。古人欲得朋友与琴瑟简编，常使心在于此。惟圣人知朋友之取益为多，故乐得朋友之来。”今按：明道言客气，似多指身外言。横渠言习气，则指本身旧染言。明道言客气消散，似主消于外，以存其内。横渠言琴瑟简编朋友，则皆取于外，以成其内。两者所从言之各异，须会通和合而求。如伊川言格物穷理，庶自得之。

## （六）

《近思录》卷六齐家之道，凡二十二条。伊川言：“问，行状云，尽性至命，必本于孝弟，不识孝弟何以能尽性至命。曰，后人便将性命别作一般说了。性命孝弟只是一统底事。就孝弟中便可尽性至命。如洒扫应对与尽性至命，亦是一统底事。无有本末，无有精粗，却被后来人言性命者别作一般高远说。故举孝弟，是于人切近者言之。然今时非无孝弟之人，而不能尽性至命者，由之而不知也。”今按：中国人言政治，必求一统，故得为一广土众民之大国，绵历数千年。伊川此条言，自孝弟至尽性至命亦是一统，只是一条线一条路，从头到尾，仍此一道。从外言之，则修身齐家治国平天下，亦只一道。伊川言无本末，无精粗，但言只此一道，不必分孝弟为粗，性命为精。亦不必分孝弟为本，性命为末。或说性命为本，孝弟为末。其实不仅是一条线一条路，孝弟与尽性至命还是同一件事，故伊川说无有本末精粗了。洒扫应对也便是尽性至命，治国平天下也仍是尽性至命。岂有不能洒扫应对，却能治国平天下之理。今人尽把此数项分别来看来说，则治国平天下，别是一番事业，别是一项道理，把来与在家做一子弟，出到社会做一人的一切事业和道理，都分开了。则岂不是把人的一生亦都分开不得同为一人了吗？明道尝言“性中那有孝弟来？”却也像把性命别作一般高远说了，不得不说与伊川此条语意有异。读中国书贵求其通，不贵别其异。今人必将二程兄弟分别看，最好能一统看始得。

伊川此条似乎仍像有些说得高远处。有子曰：“孝弟也者，其为仁之本欤，本立而道生。”如在家为一孝子，岂能便说他已能尽了仁道。故伊川此条又言由之而不知。人有孝悌，而不知即此便是大道，故伊川此条特作如此言。是则贵能有知此道者教之知。其所教，亦只是教人之能由而不知者。若人所不能由，岂得以为教。孝弟即己之性命，能就其孝弟而教之以尽性至命，此即所谓就其已知之理而益穷之也。教其所能所知，非教其所不能与不知，教与学亦一统之事。己与人亦一统之事。能常见此一统，斯即知道矣。

## （七）

《近思录》卷七出处进退辞受之义，凡三十九条。伊川言：“贤者在下，岂可自进以求于君。苟自求之，必无能信用之理。古人之所以必待人君致敬尽礼而后往者，非欲自为尊大，盖其尊德乐道之心不如是，不足与有为也。”今按：人之处家，规模小，范围狭，相与处者皆亲人。家不能齐，焉能治国，其理易知。出而从政，必先求君臣之相应相和。若自进而求，则不易得君之信用。故必待其君有尊德乐道之心，乃可进而有为。惟其多退而在野之贤，故虽政乱于上，而社会犹得安于下。纵使社会亦乱于下，而道则犹存，则终有复归于治之望。今言民主政治，人求自进，他人不之信，故必尚法治。其用意不仅在防其下，更要在防其上。人不相信，而以法为治，则其为治终有限。君位世袭，为君者不能常有此尊德乐道心，则其为治亦有限。继自今如何觅得一长治久安之道，此乃当前世界人类政治共同一大问题。惟中国传统政治，主政府求贤，不主贤之自进以争政，此则仍有值作深长虑者。民主政治主结党竞选，主进不主退，亦有弊端。即据当前事可知。中国古人主尚贤，今人则尚多数，但多数未必即多贤，此亦一大问题。如何能有一政府安定在上，而又能一意求贤于下，此则贵继今有人能为此作深虑。

伊川又言："贤者惟知义而已，命在其中。中人以下，乃以命处义。如言求之有道，得之有命，是求无益于得。知命之不可求，故自处以不求。若贤者则求之以道，得之以义，不必言命。"今按：此条伊川辨义命有极深意。中国人多信命，遂不求，然此乃中人以下事。少数贤者则主求之以道，惟不义则不取。今人则不信命，不尚义，遂多求，而离于道，此更要不得。今人又好言自由。遇不义宁退不进，宁舍不取，此亦我之自由。宁有惟进不退，惟取不舍，始得为自由乎？中国古人言，即在今世，亦仍有值得参考之意义与价值，此亦一例。

孔子亦言命，如曰："五十而知天命。"又曰："不知命，无以为君子。"凡人各有自由，他人之自由，即不啻为己之命。与伊川此条中人以下之言命不同。伊川谓不必言命，此非违孔子所言，则又当知。

## （八）

《近思录》卷八治国平天下之道，凡二十五条。明道言："先王之世，以道治天下。后世只是以法把持天下。"今按：中国人言政治，每分三代与秦汉以下。此条言先王，即指三代，后世即指秦汉以下。夏商之世，皆较汉唐为长，周祚尤久。何以制度简，亦得治。且列国封建如周代诸邦，亦得维持八百年左右。秦汉统一，即承周之疆土，则不得谓三代之治无其道。又如人之一生，未成年为子弟时，过失少，罪恶则更少。成年后，过失罪恶日增。故中国人常怀念古代，亦非无由。亦可谓中国人之理想，每寄托之于古代。庄老道家更然。今人亦每怀念童年生活，此乃人之常情，不得以好古二字轻肆责怪。

道与法之分别，姑就此条治与把持二意来作说明。治如水流，涓滴皆平等，一也。相与前进不已，即自由，二也。人群相处能一体平等，能自由前进，此即是道。把持则用权力。权力二字，中国人不爱言。故只言君道，不言君权。只言君德，不言君力。近代民主政治乃好言权力，又必言法治。法亦必仗权力以行。与中国传统言治，其义大异矣。孰得孰失，宜有讨论之余地。中国人言治国，又必兼言平天下。平亦治义。治平亦一道相承。能治其国，斯亦能平天下矣。国与天下两语，中国古人常通用，如明道此条言以道治天下以法把持天下，是也。今国人又常讥中国古人不知中国之外尚有天下，斯则难与之辨矣。

## （九）

《近思录》卷九制度，凡二十七条。伊川言："三代之时，人君必有师傅保之官。师，道之教训。傅，傅之德义。保，保其身体。后世作事无本，知求治而不知正君，知规过而不知养德。傅德义之道，固已疏矣。保身体之法，复无闻焉。”今按：此条见中国传统言政治，必归于道，而又必求于教。即为君者亦须教，如是始得治，始得平。而岂拥权立法以制其人民之谓治乎？即就字义论之，中国字亦多寓深义，文化渊源亦每可于字义训诂中得之。

周张二程适承宋代新旧党争之后，于各项制度极少具体创议。然伊川此条亦可谓一切制度之大本大源所在矣。此下理学家对具体制度皆较少论及，是为宋明儒逊于汉唐儒处。须待清初黄梨洲顾亭林起，始对此再加厝意。而朱子此书，犹特辟此一目，亦可谓体大思精巨眼之无不瞩矣。

## （十）

《近思录》卷十处事之方，凡六十四条。其中一条云：“伊川每见人论前辈之短，则曰，汝辈且取他长处。”今按：中国人处世，善与人同，与人为善，乐取于人以为善，遂以养成和合之风。今日国人崇慕西化，此亦乐取于人也。然于前言往行四千年来我国家民族之自己传统则刻意讥评，无所不用其极。中国古人言改过迁善，岂亦如此之谓乎。时不同，地不同，位不同，人人处事当因时因地因位而各不同。古人又言："非我族类，其心必异。"伊川此条或犹可为今日国人对自己民族传统中之前贤往圣有所取法。纵使古人实无长处，且只取西人之长，姑不论古人之短，是亦一道也。佛教东来，中国僧侣只道释迦长，少言孔子短，亦可为今日国人法。

## （十一）

《近思录》卷十一教学之道，凡二十一条。明道言："凡立言，欲涵蓄意思。不使知德者厌，无德者惑。"今按：教者必为学者留地步，且让学者自求，教者只开示门路，不烦多言。引其端，使学者自启自发。果学者愚无知，多言亦适以增惑。谢上蔡言："言教不如身教"，亦此意。惟身教有限，言教多方，上蔡言终不如明道此条之涵意深长。西方哲学好尽言，一若己言无不是，而闻者不易知，故有逻辑，又尚组织，使人必知，又难辨，不为学者留地步。于是乃有我爱吾师我尤爱真理之名言。实则纵谓我发现真理，亦可谓乃由师启之，又何必定谓我是而师非乎。抑且书不尽言，言不尽意。意有难尽，人或不知。孔子曰："人不知而不愠，不亦君子乎。"贵以所知为教，仍待学者之自求。双方各宜有涵蓄始是。

明道又言："子厚以礼教学者最善。使学者先有所据守。”今按：学者自有据守，则不必尽赖之师矣。据守之于身，则言教不如身教，不如改言学于言不如学于身。学于身，则不啻学于己矣。《论语》第一章首句即言：“学而时习之，不亦说乎。”此须学者反求之身，自作考验。悦与不悦，必待学者自知之，非师之所能强。今人则又谓客观始得真理。如孔子言学而时习之不亦说乎，只是自身经验，令人亦亲验之，不强人以必信，此为对学者留地步，亦可谓是礼。今人则反以为孔子言不逻辑，无组织，乃主观武断。不知教在己，而学则在人，故朱子编此目必以教学连言也。

明道又曰：“语学者以所见未到之理，不惟所闻不深彻，反将理低看了。”今按：如孔子言仁，因学者各人境界不同，故所语亦异。今人则必依西方哲学为例，来作篇孔子仁的哲学，或孔子仁的思想之类。若谓孔子言仁，不明不尽，无组织，无系统，如彼言乃可使人知。但确是亦把仁字的地位看低了。西方人确亦看低了他们所谓的真理，故使人人各自要来发明一真理，而至今无定见，此真理则依然在争论中。然则又何以为教，又何以为学。

伊川言：“说书必非古意，转使人薄。学者须是潜心积虑，优游涵养，使之自得。今一日说尽，只是教得薄。至如汉时说下帷讲诵，犹未必说书。”今按：教者须教得学者优游涵养，自己心智成长，始能自得，此是厚。一口把道理说尽，反令学者薄了。西方人著书必好说尽，教书仍好说尽。又好以集会演说来讲学，人持一说，各求说尽，彼此间相比多争。说者非以为教，听者亦非以为学，是为表现，或称创造。自中国古人言之，恐亦当谓之薄矣。

## （十二）

《近思录》卷十二改过及人心疵病，凡三十三条。明道言："人于外物奉身者，事事要好。只有自家一个身与心，却不要好。苟得外面物好时，却不知道自家身与心，却已先不好了也。"今按：近代人则尽把心放在外面物上去，甚至拼其身以争，甚至举其家倾其国以争，所争亦仍只是些外面物。

明道又言："人于天理昏者，是只为嗜欲乱着他。庄子言其嗜欲深者，其天机浅。此言却最是。"今按：人皆认嗜欲即己心，却不知天机是何等样物事，优游涵养，正为养此心之天机。《语》《孟》则称为德。

伊川言："阅机事之久，机心必生。盖方其阅时，心必喜。既喜则如种下种子。"今按：此条亦本庄子。何谓机心，此亦难言。西方文学小说戏剧乃至现代之电影电视等，岂不亦阅之心喜便得，那再问种下了何等种子。上引二程语，则尽是不合时宜之言，此正所谓人心疵病也。

## （十三）

《近思录》卷十三辨异端之学，凡十四条。明道言："杨墨之害，甚于申韩。佛老之害，甚于杨墨。杨氏为我疑于仁（一作义），墨氏兼爱疑于义（一作仁）。申韩浅陋易见，故孟子只辟杨墨，为其惑世之甚也。佛老其言近理，又非杨墨之比，此所以为害尤甚。杨墨之害，亦经孟子辟之，所以廓如也。"今按：个人自由近于杨，集体极权近于墨，所谓杨墨之言盈天下，不之杨则之墨，天下分裂而为二。亦有中立国，乃彼此依违，偷图苟存，非真能有第三路线之出现。则孟子在当时，辟之廓如，其功大矣。汉代以下独尊儒，而佛老起与抗衡，佛老亦同本心性来探讨人生大道。所谓弥近理而大乱真，较之杨墨，仅在外面事物上作主张，超出远矣。宋明理学以辨佛老为宗旨，其事难于孟子。然注意在精微处，高明处，而忽略了广大中庸处。于修齐方面多发明，于治平方面少创建，遂与汉唐儒若相歧趋。清初黄顾诸儒出，庶欲复挽二者而为一。而异族政权镇压于上，此一路线终难发展。及清政衰于上，而西力东渐，传统儒学，孔孟程朱，迄未获一完整之开展。斯亦近代学术史上一大问题所在也。

伊川言："儒者潜心正道，不容有差。其始甚微，其终则不可救。如师也过，商也不及，于圣人中道，师只是过于厚些，商只是不及些。然而厚则渐至于兼爱，不及则渐至于为我，其过不及，同出于儒者，其末遂至于杨墨。至如杨墨，亦未至于无父无君。孟子推之，便至于此，盖其差必至于是也。”今按：伊川此条，语更和平。故持论贵得其中，贵免于差，所谓是非仅在此。今日世界亦贵寻出一中道来，若必欲灭彼存此，恐无其理。

明道又曰：“佛氏不识阴阳昼夜，死生古今，安得形而上者与圣人同乎。”今按：中国人主和合。但亦必先知分别，乃始知和合。形而上必有形而下与之作分别，形而下则必有形而上与之为和合。阴阳昼夜，死生古今，乃形而下之分别，而形而上之和合即存其中。司马迁所谓：“明天人之际，通古今之变”，是矣。佛家忽视了一切形而下，则亦无形而上可得。

又一条：“问神仙之说有诸。明道言，若说白日飞升之类，则无。若言居山林间，保形链气，以延年益寿，则有之。譬如一垆火，置之风中则易过，置之密室则难过，有此理也。又问扬子言圣人不师仙，厥术异也。圣人能为此等事否。曰，此是天地间一贼。若非窃造化之机，安能延年，使圣人肯为，周孔为之矣。”今按：孟子辨不为与不能。近代发明核子武器，若依中国人道理，则虽能之，决不为。故有此理，仍必合此道，穷理仍贵于明道。知有此理能为而不为，此亦司马迁所谓天人之际也。今人则只问能不能，却轻视了为不为。凡能则为之，斯必限之以法，否则出于争，而至有核子战争。是则人类纵能战胜自然，但不能自胜，禁止核子武器，以求归于和平。故中国人言道，但贵和，不贵争。中则能和。佛老亦决不争，但终有差，不能中，斯亦不能和矣。今日世界人类如何能免于争，而归于和，则成了一大问题。

## （十四）

《近思录》卷十四圣贤气象，凡二十六条。明道言："尧与舜是无优劣，及至汤武便别。孟子言性之反之，自古无人如此说，只孟子分别出来，便知得尧舜是生而知之，汤武是学而能之。文王之德，则似尧舜。禹之德，则似汤武。要之，皆是圣人。"今按：明道承孟子意，把汤武与尧舜分别了。其实细读《论语》，孔子已先有此分别，但孔孟皆不分别在其事功上。同样是治国平天下，事功哪有死样子，在此可不细作分别。亦不分别在其德性上，皆是圣人，亦无法细分别。其所分别，则只在气象上。一有迹，一无迹。一禅让，一征诛。依着世俗眼光，汤武惊动人，似可学。尧舜若无事，似乎人人可能，但却无可学。禹之治水，一大事，显大能，但可学。文王三分天下有其二，以服事殷，亦若无事，不见能，却似不须学。宋儒提出气象二字来分别圣贤，气象本属天，人人可知。但以言人文，则似无可指说。气象两字从《周易》来，对中国文化精神却有大意义存在其中。今人于宋明理学，率与西方哲学思想同类视之，情味已差，更何论于气象。

明道言："仲尼元气也，颜子春生也，孟子并秋杀尽见。仲尼无所不包。颜子示不违如愚之学于后世，有自然之和气，不言而化者也。孟子则露其才，盖亦时焉而已。仲尼天地也，颜子和风庆云也，孟子泰山岩岩之气象也。观其言，皆可见之矣。仲尼无迹，颜子微有迹，孟子其迹著。孔子尽是明快人，颜子尽恺悌，孟子尽雄辩。"今按：此条观圣贤气象，古人少言，明道始提出。其实此中甚包有道家味，亦兼含佛家味。理学家亦求兼容并包，学孔子天地气象。濂溪明道若近颜子之微有迹，故后起理学家群尊之。伊川若近孟子泰山岩岩之气象，故每启后起理学家之争。实则明道之后不得不出有伊川，正犹颜子之后不得不出有孟子，此皆明道之所谓时然也。今人则尚表现，喜雄辩，不论其所言内容，观其气象则多类孟子。但岂亦明道之所谓时然乎。

明道又言："传经为难，如圣人之后才百年，传之已差。圣人之学，若非子思孟子，则几乎息矣。"今按：是明道之甚赞孟子，而其上尚有颜子一境，此其见道之高，求道之深。若谓乃轻视了孟子，则失之远矣。

明道又言："周茂叔胸中洒落，如光风霁月。其为政精密严恕，务尽道理。"今按：明道辨历代名贤，自孟子下有荀卿、董仲舒、扬雄、诸葛亮、王通、韩愈，而及周濂溪。光风霁月之语，则采自同时诗人黄鲁直。斯亦见明道持论之严，而气象之宽和矣。

附录

# 中国文化传统中之士

中国文化有与并世其他民族其他社会绝对相异之一点，即为中国社会有士之一流品，而其他社会无之。夏商周三代，中国乃一贵族封建社会，然其时已有士。如夏代之传说，商代之伊尹，起于版筑畎亩之中，而上登政治至高地位，其详已不可考。其为后世士人一至高之楷模，则事无可疑。下及周室东迁，春秋时代，为士者益得势。其事散见于左氏、公羊、谷梁三传之所记载，典籍具在，可资详述。然中国社会之所谓士，确然有其在社会上特殊地位，在文化传统上有特殊意义与特殊价值，则其事必始于孔子。

孔子曰："士志于道"，孟子曰："士尚志"，即尚其所志之道也。其道繄何？始则修于身，继则齐其家。今称家庭。推而广之，扩而大之，则有家族，有家乡。更推而广之，更扩而大之，则有治国之道。又更推扩，超国家而上，则有平天下之道。其实所谓身家国天下，即古代封建贵族之所传，如所谓禹汤文武，上溯及于唐尧虞舜，何尝非修身齐家治国平天下，一以贯之，以成其为圣帝明王者。惟当时建有修齐治平之礼，而孔子则加以综合发明，倡为修齐治平之道，以求实际奉行，而更加以发明光大，如此而已。

孔子又赞颜渊曰："用之则行，舍之则藏，惟我与尔有是夫。"用者，用其道，非指用其身。能用其道，则出身行道。不能用其道，则藏道于身，宁退不仕。不显身于仕途，以求全其道而传之后世。故士可以用，可以不用。可以仕，可以不仕。而社会有士，则其道乃得常传于天地间。

孔门有四科，曰德行，曰言语，曰政事，曰文学。言语政事，即见用后之所有事。而言语尤先于政事，何者？政事仅行于国内，言语则用之国际外交，其事已超乎国而达于天下。故言语之为用，则犹在政事之上。文学则未及见用，而致力于典籍文章，上述古代，下传后世。文章之所在，亦即道之所在也。孔门又有先进后进之别。孔子早期传道，登其门者为先进，其时则皆有志用世，而于文学有所不遑详究者。孔子晚年传道，登其门者为后进，时孔子已衰老，有道之不行，我知之矣之叹。故来学者，多致力于文章典籍，求道讲道明道传道之心为切，而用道行道之志则较缓。而孔子则曰："如用之，则吾从先进。"孔子行道用世之心，固虽老而犹存也。

四科中最先一科为德行。德行中最先一人为颜渊。颜渊之自述曰："夫子博我以文，约我以礼。"博我之文，即四科中文学之文。为求道讲道明道所资。约我以礼之礼，则以用世行道者。孔子又曰："君子不器。"又曰："古之学者为己，今之学者为人。"用则行，则由己以行道。舍则藏，则藏道于己以传世。求己与道之合为一体，故曰为己。若仅以己身供人用，则我身仅如一器，无道可言，又何足贵。孔子以子贡为器，而又曰："子之器瑚琏也。"瑚琏藏在宗庙，乃贵器，不能随便使用。如冉有，则孔子曰："非吾徒也，小子鸣鼓而攻之可也。"以冉有仅为季孙氏用，则犹下于子贡之器矣。

在德行一科中，尚有闵子骞冉伯牛仲弓。孔子何以独称颜渊？或此三人，舍之则藏有其德，而用之则行则不能有如颜渊之才。或以此三人皆早死，故孔子独称颜渊。要舍之则藏其事易，用之则行其事难。君子不器，而仍贵其能为一大器，其义在此。则不当不辨。

孔子之卒，孔门弟子普遍蒙受各方之重视，然而无一人获得上层政治之大用。其再传弟子以下，如子思孟子荀卿，皆获大名，但亦无一人受上层政治之重用。儒家以下，诸子并兴，继孔子而起者为墨翟。主兼爱，摩顶放踵，利天下为之。然墨翟亦未受列国政治上层之重用。墨子曾多方介绍其弟子进入仕途，然自禽滑厘以下，墨家弟子亦终无获重用者。墨家有钜子组织，如孟胜亦钜子，为全国墨徒之领袖。其仕楚，仅为一家臣，并以三百人之众死于任上。继墨翟有杨朱，主为我，拔一毛利天下不为。其在政治上不受大用，亦无弟子传名于世。其次有道家。庄周仅为宋国一漆园吏。楚国聘为相，庄周辞之，谓宁为泥中曳尾之龟，不愿藏骨于宗庙。则其意偏向于舍之则藏，而无意于用之则行之一途。老子继庄而起，仅求为圣王，则又谁欤用之？著书五千言，亦无一名弟子闻于世。

其他如名家，首起惠施，与庄周为友，曾相梁惠王，政绩无闻。是亦未见大用。阴阳家首起邹衍，备受列国尊礼，同亦未见大用。齐威、宣、湣诸代，设有稷下先生之位，享诸子以厚禄，许以自由授徒讲学。先后稷下先生达七十人之多，著书立说，擅盛名者不少，卒亦未见获政治上之重用。惟纵横一家，独获重用于世。然孟子曰，公孙衍张仪，妾妇之道也。后世亦不再以纵横家流列入先秦诸子学术之林。

其他如战国早期商鞅用于秦，吴起用于楚，申不害用于韩，而商鞅吴起终皆不得其死。申不害乃韩之诸公子，亦与士流有别。其次如范雎用于秦，经蔡泽之献议，终亦让位，荐蔡泽而自退。然蔡泽则未闻有功绩。乐毅用于燕，建大功，终被谗间，逃亡于赵，幸以身免。如虞卿于赵，亦尝被用，未获显赫，退而著书。吕不韦用于秦，广招宾客，亦以著书自张声气，而终遭斥罚。韩非入秦，亦遭谗下狱而死。在战国九流中有法家，实则当时之士，聚徒讲学，绝未有专为一国一君一政府之统治权营谋打算而自成一家派者。法家之名，当起于韩非之后。而韩非亦韩之诸公子，虽列荀卿之门，亦与一般士流有别。

由上言之，战国虽称为士势力之骤张时期，而诸子之聚徒讲学，自成一家，如儒、如墨、如道、如名、如阴阳、如农家之许行，凡属开山宗师，及其继承人物，在当时学术上有大名望大表现者，均不曾在政治上有大用。其获用于上层政治者，在学术上仅属第三四流以下之人物。而亦鲜得安于位。不致身死，已属大幸。然则所谓士之一流，其在中国文化传统历史影响上之特有意义与价值究何在？

明白言之，中国士流之影响与贡献，主要在社会之下层。即如许行，亲操耒耜，耕于田亩，而陈相之徒聚而从之。士之亲其师，尊其师，有过于其君。此不仅孔子墨翟为然，下至如许行亦何莫不然。故在中国社会上，最受尊亲者，乃师而非君。乃在野之士，而非在朝之卿相。战国之时，仅七雄为大国，分别统治了整个全中国。而为之士为之师者，乃为当时全中国人所向往。为君者又乌得与之比？乃使政治上层，亦不得不俯心下气，以尊贤而礼士。如颜斶见齐宣王，明告以士贵王不贵，而宣王亦无如之何。又如秦昭王见范雎，乃至长跪以乞言。当时七雄中，齐宣王秦昭王岂不更巍然为之魁首。而其尊贤下士有如此。如颜斶，如范雎，岂诚为当时一大贤上士？而齐秦之君尊礼之如此。其最大之意义与价值，则在政治上层不敢自居为最尊最贵之地位，而自知尚有当尊当贵之过于彼者，其人不在远，即在其所统治之社会下层。姑举一例，如秦兵围赵，赵国存亡在即，不得不屈意帝秦，求获苟全。时鲁仲连在围城中，乃独抗议反对，谓苟帝秦，则仲连惟有蹈东海而死。以一白衣穷途之士，蹈海而死，于天下大事，国家兴亡，何足轻重。而帝秦之议，竟以作罢。此等事因其千古传颂，后人视若固常，不复厝怀。而于其对文化传统历史影响之大意义大价值所在，今人乃不复存怀。此岂不大可惋惜乎。

鲁仲连义不帝秦，虽声光扬于天下，但仲连身后，秦终为帝，而仲连生前之声光意气则若依然尚在。故秦一天下，李斯首为之相。李斯乃楚国一小吏，著籍荀卿门下，则亦俨然一士。商汤一天下，伊尹为相。周武王一天下，周公旦为相。秦始皇帝继汤武一天下，而李斯为之相。则斯亦继伊周如鼎足之三矣。秦博士议秦政，始皇帝不轻自决断，下其议于丞相斯。斯主废封建非不是。然焚书之令起于斯，后世人鄙之，不齿于人数。不知斯之在当时，固亦以士而见大用也。

汉初无士，惟叔孙通曾为秦博士，与其弟子为汉制朝仪。然后世人亦耻之，不列为士数。同时如商山四皓，朝廷不能聘，太子罗致之。高祖于太子身傍见四皓，遂罢废立意，太子终得承位，是为汉惠帝。是汉之为汉，此下两百几十年之天下，四皓与有力焉。士之影响政治，见功于世，其例有如此。

汉初真得称士者有贾谊，年二十余，上治安策，名震朝廷。文帝召见，欲加大用。绛灌之徒群沮之，放为长沙王太傅。归蒙召见，语至夜半。文帝屡前移其座席，并谓久不见贾生，自以为过之，今再见，乃知仍不及也。然贾生终继为梁王太傅，仍不能大用于朝。梁王出猎，坠马死，贾生以未尽师道，愧恨而卒。然汉自文景以下诸大政，多出贾生原议。贾生之有功于汉，更胜四皓甚远。

继贾生而起者有董仲舒。汉武帝尊五经，黜百家，皆由仲舒对策发之。此不仅汉之为汉，即此下两千年中国之为中国，仲舒对策有大影响大作用。而仲舒亦终未大用于当朝。公孙弘乃自东海牧豕，超用为汉相。未能正学以言，而曲学以阿世，与仲舒有别。然则在中国，真为士，即不得大用。获大用者，多非真士。如公孙弘董仲舒，又其显例也。

东汉光武帝，以王莽时代一太学生，起兵平天下。一时同学之士，驰驱戎马间，策奇勋，列朝廷高位者何限。故中国史上，以士人得天下，建立一士人政府，则惟东汉。而同时一同学严光，独隐避不出。

光武为太学生时，素重之。既得天下，屡念不置。遍访之全国，得于钱塘江一钓滩上。护送至京，晤谈之余，又同床而寝。然严光卒辞归，以不仕终其生。孔子曰："用之则行，舍之则藏。"又曰："不仕无义。"严光当非一庸才，但亦非庄周道家之徒。否则亦不出游太学，亦不为光武及其他诸同学所推敬。窃意严光心中，亦并非傲视群伦，鄙夷光武与其在朝廷诸同学，谓绝不堪同流合污，有损于一己之为人。但其当王莽之乱，既以隐身垂钓严陵滩上，一旦诸同学出，使天下复归于平治。出诸人，亦如出诸己。人尽其劳，己亦同享其成，岂不转增其内惭。我行我素，仍以渔钓终年，斯于己亦何所亏憾。窥光当时之存心，亦仅如此而已。然而严光其人其事，其影响于后世之士风，则至高至大，至深至厚，有非光之所意料者。一则当兴王之朝，以帝王至密之友，而有不可宠而安者。二则一江湖钓徒，其尊其贵，乃在一开国帝王卿相之上。中国自秦汉以来，大一统政府凌驾在上，而帝王卿相之尊之贵，举国共仰，乃更有高出其上者，则转在社会下层草泽平民中。不仅当代，乃至易世历代君卿，亦共相尊崇。一若当然，无可疑，无足争，而视若平常。此则中国传统文化一特色，而士之为用，乃莫大于斯矣。

东汉末，郑玄称征君，此亦朝廷所召而未赴者。黄巾唱乱，相戒勿入郑征君之乡。则生王之贵有可杀，而死士之乡之一草一木有不可犯。黄巾不为后世人称道，然而此一事则载之史册，称道于后世。乃为当时之一线光明，上承古代，下启来兹，此则又士之为用之一例也。

黄巾乱后，继之以魏蜀吴三国，曹操刘备孙权皆士也。一时群臣荀彧诸葛亮鲁肃莫非士。有一诸葛，已可使三国照耀后世，一如两汉。而犹有一士焉，曰管宁，始而避于辽东，老归中土。汲井躬耕，曹操召，不出。后世尊之，谓其犹出诸葛之上。何者？诸葛终为一政治人物，虽曰鞠躬尽瘁，死而后已，而终无救于世乱。管宁则为一草野人物，虽乱世，使社会得保留一完人。则此社会终未全坏，尚有后望于将来。孔子欲居九夷，又曰："道之不行，我知之矣。"是虽至圣如孔子，亦无奈于世之乱。然而孔子又曰："后生可畏，焉知来者之不如今。"三国之乱，甚于春秋之末，而管宁则孔子所谓之后生可畏也。举世之乱，而有一士之屹立。后人欲效诸葛则难，得有如刘先主之三顾于草庐之中。然欲为管宁则易，以其可无待于外也。司马迁作《史记》，创列传体，后世奉为正史之首。而七十列传，首之以伯夷，亦不用于世者。司马迁以言李陵事获罪，以宫刑免死。虽为武帝内朝中书，然不复有意于政事。非求有见于当世，乃求表显于后人。其《报任少卿书》，言之畅矣。而管宁则能自表显于文字著作之外。司马迁亦已陷身于政界，不如管宁之萧然事外，仍不失为一社会人物之易于自成其志，自完其身，不饿死而与伯夷相抗衡矣。然以周武圣朝，可以容首阳山下有伯夷叔齐，以曹操之一世奸雄，亦可容其治下有如管宁之汲井而躬耕、敦聘而不赴。斯亦见中国政治，亦自有其不可及者。即此一端，亦足为例矣。

两晋以下，先有五胡之乱，继有南北朝之对峙。较之两汉远逊。然而群士兴起，则视前亦无愧。姑举一人，曰陶潜。耻为五斗米折腰，赋《归去来辞》，抚孤松以盘桓。其于政事，洵可谓无所贡献。然其诗，则脍炙人口，愈后愈普及，愈陈旧愈新鲜，历千年而不衰益盛。几于每一中国读书人，每一士，无不诵其诗慕其为人。在其前，有古诗三百首，有屈原《离骚》与《楚辞》，然皆富有政治性。惟渊明诗，乃确然见其为社会性，为田园诗，为山林诗，为草野平民诗。然而其诗亦能影响及于上层政治，殆可谓与《诗》《骚》为鼎足之三。在两晋南北朝时代，只陶渊明诗一集，已可上媲三代两汉，下视唐、宋、明、清，成为中国文化史一新页，一贯相承，而不待他求矣。则士之大用于世，如渊明，岂不亦其一例乎。

下至唐太宗，其未登天子位，已先有十八学士，为一士人集团。较之汉光武尤过之。然而玄武门之变，兄弟阋于墙，终为太宗内心一愧事。所不幸者，其父乃唐代之开国皇帝，宫墙之变，无以自免。魏征初仕于太子建成，后仕于太宗，此亦不得与管仲之仕齐桓相拟。于魏征亦不能内心无愧。故魏征之于太宗，过无不谏，谏无不尽。使魏征以此而死，亦可明其出仕，初不为私人禄位，可以表白于天下后世而无憾。然而太宗之于魏征，亦知遇异常，优渥有加，亦以见其出而为君，初无丝毫之私。一部《贞观政要》，乃为后世帝王常读之教科书。而太宗与魏征两人之相处，尤为《政要》一书中之主要节目。可见政治乃人类社会重要不可缺之一大业务，而牵涉政治，则理想每受减损。故欲为一政治人物则甚不易。如伊尹之五就桀，五就汤，岂尽人可法。其放太甲于桐宫，果使太甲不知悔悟，则伊尹何以善其后。周公诛管叔，放蔡叔，大义灭亲，亦岂兄弟相处之道。果使成王长，德不如人，周公又何以善其后。以伊尹周公之圣，尚有其难处。故孔子曰："用之则行，舍之则藏。"重道而轻仕。此下中国政治业务，必求士为之。而为士者，则宁退不进，此诸葛亮之所谓澹泊明志。而中国政治亦常得保持一次好之地位。其社会人生，乃终得蒸蒸以日上。务使为人更上于为政，此诚中国传统文化一大特征。于唐太宗与魏征，可窥其微矣。倘必奉政治人物为尽善尽美至高无上之人生标准，则此人生亦何多望。惟中国则为人另有一更高标准，而政治人物，亦得群向此标准而崇仰，而趋赴。此中国社会之有士，所以为中国文化所特具之一最有意义与价值之所在也。

两晋南北朝政权虽乱于上，而为士者仍可隐于门第中。下及唐代，科举制兴，门第渐衰。为士者，乃群趋于应举从政之一途。就政治言，乃一大进步。而就社会言，为士而不从政，乃群趋于释道两家，为异端。故唐代社会之士，未必多过于两晋南北朝。而政治人物，亦多信奉释道。前古相传政治上之最高标准，反趋于黯淡。此当为一大退步。中唐之时，乃有韩愈出，提倡古文。愈之言曰："好古之文，乃好古之道也。"韩愈乃可谓上承中国士之大传统。幸有昌黎一集，乃可上与晋宋间之渊明集相比，而犹更胜之。然韩愈亦终未获大用于政府。其谏迎佛骨表，乃几陷身死。如韩愈，论其大节，乃可谓唐代标准之一士。即诗圣杜甫，亦当屈居其次。而同时倡为古文如柳宗元，则更不能与韩愈相比。下及宋代，韩愈乃始见为唐代特出之第一人。此非深明中国文化大统之意义者不能知。亦岂不得意于政治，专以诗文见长，即得为士之上乘乎？

惟其南北朝社会尚多士，故隋唐继之为大盛世。惟其晚唐社会少士，故五代十国继之，为中国历史上最惨淡最黑暗之一时期。其时有一冯道，亦群奉以为士。历事五朝八姓十一君，自称长乐老。非冯道，亦无以自全于其世。然使人人如冯道，则一世沦丧，同归于尽，亦何得以长乐。宋兴，直至欧阳修为《新五代史》，始于冯道有定论。而韩愈亦始受崇拜。于是中国光明乃得再照耀，中国文化乃得再发扬，而宋代乃更得称为一社会多士之时代。

宋代多士，已盛于汉。而政府之重士，则更胜于汉。宋代之士于政治上得大用，莫如王安石与司马光。然而新旧党争，北宋亦终陷于沦灭。王安石乃一理想派，欲使其君为唐虞三代之君。司马光乃一经验派，仅求朝政得如汉唐已足。然理想则必见之于现实。孔子曰："如有用我者，我其为东周乎。"今不知孔子当时果见用，其为东周之具体设施又如何。而依传统观念言，则王安石乃经学派，故有《三经新义》之订定。惟在汉代经学掌于博士官，举朝以经学为施政标准。而博士官则不亲参政务。今王安石以宰相身份，订定经义，作为学校教育与政府科举取士之标准，则几若道统转下于政统，显与中国文化传统大义有违。司马光乃史学派，著有《资治通鉴》。汉唐亦有史官，记载历朝实际行政，供后人作参考。得失成败，偏近功利，终须有经学道义以为之归。史学虽可鉴古知今，然经史分途，则史学绝不足奉为政治之标准。故当时之新旧党争，结果终为一政治斗争。所争在政权之得失，而不免有乖于道义之是非。于是乃有第三者起，则为周濂溪。

濂溪乃当时一县令，而置身当时党争气氛之外。著有《易通书》。根据经学，主张志伊尹之所志，学颜子之所学。伊尹志在天下。颜子之学，用则行，舍则藏。主要尤在藏之一面。明道伊川二程兄弟，少闻其教，虽亦出入于新旧两党间，终以退隐讲学为务。横渠张载，亦与二程为学侣。于是乃有理学之兴起。理学家乃中国文化传统中之新士，大体退在野，不竞在朝。尊道统，以做政统之领导。政事败于上，而士风则正于下。北宋覆没，南宋偏安，而理学之风则大盛。有朱熹出而集其成。朱子在当时政治上亦未见大用，然而著为《论语》《孟子》集注，《大学》《中庸》章句，定为四书。下及元代，乃奉为政府科举取士之标准。其功用实代两汉之五经，而更驾其上。直迄清代之末，此一取士制度历七百年而不变。

元代以蒙古异族入主，政统易于上，而道统则仍存于下。中国社会依然是一中国社会，得以无大变。社会多士，相率以不出仕在野讲学为务。亦有出仕者，终视为士之第二流，不能与在野之士同受社会之尊崇。元代不仅以四书义取士，并令全国各县同设书院，县令初到职，必出席书院听讲，为其上任之最先第一事。然元政亦终八十年而亡。明代继起，中国光复。然元代遗风则仍在，为士者相率以不出仕为高。先有方孝孺受十族之诛。则以士承道统，其名望每高出于帝王卿相之上，易受忌惮。如王守仁遭龙场驿之贬，九死一生。终以其为士讲学之身份，仍获起用，得为江西巡抚，平宸濠之变，卓然建大功。然亦终不得重用。其及门弟子，相率不出仕，而以讲学名震朝野。卒有无锡顾宪成高攀龙，东林讲学，力反其风。谓在野讲学，不应忘廊庙之政事。但高攀龙亦卒以东林党名膺重祸，投池自尽，而明祚亦终不救。

清代亦以满洲异族入主，而其时士风益盛，如李塨，如顾炎武，如黄宗羲，清廷百方罗致，皆以不出仕为一代在野大宗师。又如吕留良，乃于清廷设科取士之朱子四书义中大张民族主义，罹剐尸之刑。雍正皇帝颁《大义觉迷录》一书，昭示天下举子，尽人必读。乃不久，其书亦同遭禁锢，举国无一人能见。直至清之末叶，民间始再印此书，与吕留良书同获重见于国人。今人多能谈清廷文字狱，屡行文字狱者为雍正，而雍正御著书亦同受禁锢，此诚旷古奇闻。今人又谈中国自秦以来乃一帝王专制政治，史籍浩繁，不遑详辩。雍正乃一异族君王，又肆志以酷虐称。专拈此例，岂不见中国传统政治，纵谓是君主专制，然其专制亦有一限度。限度何在，即在社会之有士。

又且吕留良宣扬民族大义，乃据朱子书。吕留良虽遭剐尸之戮，而朱子书则仍受朝廷崇敬。陆稼书亦以治朱子书为清代第一人奉旨获祠于孔庙之两庑，其时清廷达官贵人，以朱学名者不少。稼书以一县令之卑，又其生前获交于吕留良，而竟得首选入孔庙。此见其时帝王一番不可告人之内惭之情，乃更百十倍于唐太宗之不杀田舍翁魏征矣。中国传统，士之为用，犹见于异族专制帝王之心中有如此。

乾嘉清儒，标帜汉学，反宋学。其实非反宋学，乃反朱子。非反朱子，乃反朝廷科举之功令。诸儒皆以科举出身，即群以反科举反朱子自名其学，而清廷亦无奈之何。自道光以下，西力东渐，而中国士风乃大变。洪秀全以科举不第，起兵广西山中，奉耶稣为天兄，自为天弟，建国号曰太平天国。所至焚烧孔子庙。曾国藩以一湘乡在籍侍郎办团练，卒平洪杨之乱。其志不在保清，乃在保孔。国藩亦卒未获清廷之大用。其时则为咸丰皇帝，咸丰者，与民俱丰，不敢以帝皇独丰也。继之为同治皇帝，同治者与民同治，不敢以帝王专制也。可知虽异族皇帝，对中国社会，无不心有顾忌。惟其有顾忌，故士之杰出者多不获重用。而又终必与士共天下，不敢专制自肆。一部二十五史，社会在野之士，其关系影响及于朝廷上层政治者，本文上述诸例，可见一斑。

辛亥革命，民国创建，政统变于上，而道统亦变于下。民初即有新文化运动，以批孔反孔，打倒孔家店为号召。孔家店中之伙计，即本文所谓社会下层之士是也。自此以下，社会有民无士。上无君，下无士，此则庶及可谓之全盘西化矣。西方民主政治，亦非全国独尊一政统，尚有财统，即资本主义。西方选举，最先由财统。又有学统。学校教师，乃及报章杂志，各项刊物，言论自由，此可谓之学统。又有教统。宗教信仰，政教分离，信仰自由，此之谓教统。复有工统。劳工亦争自由，集团罢工，此之谓工统。此财统、学统、教统、工统之四者，集党竞选，争取多数，以成政府，亦可称之曰党统。乃独无道统，与中国之士统。孔子曰："士志于道，而耻恶衣恶食者，未足与议也。"则中国士统，绝不能成为一财统。西方之学，分门别类，各成专家、各有其统。中国则修身、齐家、治国、平天下，吾道一以贯之，无有为一士而不志于人群之治平大道者。故西方有各别之学统，而中国则士统即道统。但亦绝非宗教组织，不成一教统。孟子曰："士尚志。"又曰："劳心者食于人。"士非一职业，则又不得成为一工统。中国人又言："君子群而不党。""众人之诺诺，不如一士之谔谔。"一为士，务求谔谔出众，岂肯结党以自附于多数，故亦绝不能成党统。中国之士则自有统，即所谓道统。此诚中国民族生命文化传统之独有特色，为其他民族之所无。

最近西方，又有不许诸统之分别存在，而独许有一党统之趋势。在此党统之下，财统学统教统工统均不许有其自由，而惟听此一党之独裁。此为当前之苏维埃制。中国人亦多慕向于此。民国以来先有中西文化之争，西化既得势，继之有民主与极权之争。换言之，乃美苏之争，而中国自身，则退处于无传统无地位。

今乃有复兴文化之号召，则以创建民国之孙中山先生之三民主义为张本。首为民族主义，则应有民族传统生命与传统精神之认识。次为民权主义，中山先生言权在民，而能在政。政府有能，则不待一一听命于民众。最后为民生主义，中山先生亦曾言，民生主义即共产主义。但断不能谓共产主义即民生主义。大学言："不患寡，而患不均。"则中国传统之经济理想，较近社会主义，不近资本主义。中山先生之意，不许有财统之成立，亦可知。至于党统，中山先生谓国民党乃一革命党。是谓在革命时可有党，革命成功后，是否仍须有党，则中山先生未之言。惟中山先生，既主政府有能，则更不须听命于党。中山先生所倡之五权宪法，如考试权，立法权，监察权等，皆属政统，不属党统，又可知。

中山先生之三民主义，乃属长期之建国纲领，而非一时之施政方针，故当归道统，不属治统。此为中山先生之深体中国文化大传统而发，不得以西方人之思想言论相比附。此则阐扬中山先生之三民主义者，必当深切体会之一大前提。而中国此后是否仍须有士之存在，又如何使士统之复兴，此则我国家民族大生命之特有精神之所在，所尤当深切考虑讨论者。

中国之士统，既与其他民族有不同，而其所学所信之大纲大目所在，亦独有异。此则当在他篇详论之，此不及。

# 再论中国文化传统中之士

中国传统之士，有崇奉，亦有创新，二者可以相和合。孔子为中国两千五百年来学人所共奉，尊之曰至圣先师。然儒学传统中，非无创新。性与天道，孔子罕言之，而孟子主性善。孔子极推管仲，尝曰："微管仲，我其被发左衽矣。"而孟子则曰："子诚齐人也，知管仲晏子而已矣。"又曰："仲尼之徒，无道桓文之事者。"孟子言养气之功，养气两字不见于《论语》。其他孟子书中持论，不见于《论语》者何限，然孟子曰："乃吾所愿，则学孔子。"孟子终无一言疑及孔子，而自有孟子之创新。

继孟子而起有荀卿，主性恶，持议与孟子相反。然亦同尊孔子。西汉董仲舒倡议罢黜百家，独尊周孔，乃于孟荀少崇扬。西汉末有扬雄，亦尊孔，然于孟、荀、董三人亦少崇扬。东汉晚年有郑玄，为一世儒宗，同尊孔。而于孟、荀、董、扬非所崇。隋代有王通，亦尊孔。然于孟、荀、董、扬、郑诸人，亦未见推崇。

唐代有韩愈，以己之辟佛自比于孟子之拒杨墨。又曰："孟子大醇荀小疵。"于孔门传统下，乃独推孟子。然又自言："并世无孔子，则不当在弟子之列。"则其独尊孔子亦可知。宋初诸儒群尊孔，然欧阳修尊韩愈，王安石尊孟子，意见亦不同。周濂溪始为道学开山，《宋史》于《儒林传》外特出《道学传》，后人或非之。然道学终是一新儒学，与汉唐儒学有不同。宋元明三代之道学家，群尊濂溪，亦立说不同。清儒又有宋学汉学之分，然虽重汉学，其为学又何尝与汉儒相同。

然则列举孔子以下两千五百年儒学传统，可谓时各有变，人各相异。于同一崇奉中，不害其各有创新。于各自创新中，亦不害其同一崇奉。此为中国学术思想一特点。释迦创设佛教，然崇奉释迦亦可人人成佛，并亦人人自创新说，此为佛学传统与中国儒学有大体相同处。故佛教在印度，虽终衰歇，而仍盛行于中国。耶稣为上帝独生子，崇奉耶稣不能同为上帝之独生子。而于耶稣教义亦不能多有新创立新发挥，此为耶教来中国不能如佛教之昌行之一大理由一大原因。此可见文化传统乃人心向背之所在。

故中国学术思想乃由四围共向一中心，其中心地位愈高，则四围向之者愈广，即孔子是也。故其中心之相同，不害四围之互异，而终见一共同向往之大同而已。西方之学则由四围各自发展，无一共向之中心，故其为学乃日趋于异，而卒不能建一大同处。耶教虽为一共同信仰，惟究于学术有异。西方学术则惟见其异，不见其同。天文学、地质学、生物学界域各异。自然学如此，人文学亦然。政治学、社会学、经济学、法律学，分门别类，莫不皆然。学以致用，而用途各异。学以求真，而真理不一。故西方之为学，可以互不相通，乃无一共尊。

学既各异，人亦各异。罗马人不同于希腊人，现代欧洲人亦不同于希腊罗马人。抑且英国人不同于法国人，美国人又不同于英国人。亦为西方人为学终不于同处求，必向异处求，一应有之趋势。即如宗教，耶回不相同，而耶教中又分新旧。宗教信仰仍多异，难得同。

耶稣言恺撒事恺撒管，耶教之所同，则只同于一教皇，是即耶稣之恺撒化。伊斯兰教则更然。西方宗教趋于世俗化，乃有其同。而孔子与释迦则务以其教来化此世俗，此又一大不同。实则西方人不仅宗教求世俗化，即一切学术思想亦尽求世俗化。而中国人则求世俗之学术化，此又一大不同。

今论世俗，西方则重个人自由。如喜科学，或哲学与文学，皆由个人自由。宗教信仰亦然。既重个人自由，则惟见互异，不见大同。其大同处仅在衣、食、住、行物质生活上，于是乃有唯物论哲学与唯物史观之出现。若其不属于物，则惟有宗教信仰灵魂天堂始见为是一种精神自由。但此二者均与中国传统有大不同。中国士传统并不成为一宗教。而其在尘世生活中，则转抱有一大同观。何以故？则因中国士传统，即从孔子说起，两千五百年来，已抱一世界生活即天下生活之观念故。

孔子其先乃宋国人，殷民族之后。其祖先自宋迁鲁，遂为鲁国人。然孔子一生游踪曾至齐，后又去卫，去陈，去楚，在外周游十四年，老而归鲁。其弟子则多自远方来，不限为鲁国人。故孔门讲学在当时即具天下性，世界性。墨翟乃宋人，然其游踪亦遍历各国，其晚年所卒地不可考。然墨家弟子亦来自列国，具世界性，天下性。孟子乃邹人，然其晚年游踪则至梁至齐，后车数十乘，从者数百人，传食诸侯。荀子赵国人，游齐，为稷下祭酒。又至秦，而晚年卒于楚之兰陵。其他先秦诸子百家，大抵皆遍游列国。如庄周、老聃，道家隐沦，不事周游，最为特出。然其意向言论，亦具世界性天下性，不限于其所隐之一乡。故曰："父母在，不远游，游必有方。"则其时士之远游而无方，亦可知。乃有一乡之士，一国之士，天下之士之别。

秦汉后，中国统一，而士多辐凑京师，老而不归其故乡。前汉一代，不胜指名，东汉益盛。如郑玄，虽老死乡土，然其游学所至，亦遍中国。魏晋以下，门第已兴，然东晋南朝诸大门第，大体皆自北方南移。而北朝门第则更多迁徙，不以乡土为限。隋唐统一，进士科第，各地士人，必群赴京师应举。及其出仕，不能在本乡，多历全国，老死亦不归。姑举李、杜、韩、柳为例，读其诗文集，凡其一生足迹所履，居住所在，老病所终，皆可稽考。故中国传统之士，每以天下为家，流动性极大，断无有固定于乡土者。下及宋代益甚。如欧阳修王安石皆江西人，仕履所至，遍历各地。而退老亦不归故乡。如三苏，原籍四川，来汴京皆不归。东坡所到地最广，自择宜兴太湖滨为其安老埋骨之所。读此诸人之诗文集，其心情所寄，不在乡土，而在中国，在天下，岂不昭然若揭乎。

其他如周濂溪，乃湘人。而老死于赣之庐山，即以所生地有濂溪名其终老地之一溪亦曰濂溪。明道伊川兄弟之父，本亦江西人。仕于江西，获识濂溪，二程乃得游濂溪之门。而二程兄弟终老洛阳，亦不归其故乡。南宋朱子，父籍皖，生于闽，卒于闽，为闽人。然其足迹亦遍历南宋各地，不限于闽。同时陆放翁，足迹遍历长江上下游，老而退居故乡。及其死，乃为诗告其子曰："王师北定中原日，家祭毋忘告乃翁。"则其情意所寄，不限家乡，仍在国与天下，亦可见矣。

此下元明清三代，凡为士，名列史籍，传诵人口，为中国文化传统中一士，则莫非国士天下士，而决不为一乡一里之士，可不一一指名详述。姑举王阳明一人为例，生平足迹所至，东北出山海关，西南贬贵州龙场驿，晚年仕江西巡抚，卒于任上。其到处讲学，门人弟子亦属全国性。其为人不以地域拘，其讲学亦不以地域拘，皆属全国性，即天下性。其弟子如王龙谿之在浙，王心斋之在淮，皆不出仕，老于故乡。然龙谿足迹遍东南，心斋则在阳明生前，已以木铎招摇京师。老归故里，父子讲学，风声所播，又岂以一乡一里为限。

晚明东林讲学，亦为全国性，非乡土性。清初诸明末遗老，黄梨洲终老故乡，然其弟子如万季野，则北上京师。颜习斋更为一乡里老儒，然足迹则经历甚广，曾北出关外，南游河洛。而其弟子李恕谷，则游踪更广。断不得谓浙东黄学，与河北颜李学，非全国性，而属乡土性。关中李二曲，晚年自拘土窟中，除顾亭林外，莫得晤其面。然其先亦曾足迹遍南北。王船山虽不如李二曲之自拘土窟，然隐遁湘之群山中。二人皆不以讲学传弟子，然其人其学，则皆为全国性，而非乡土性。如顾亭林，则以江南昆山人去至北方，不再南归，亦不讲学，不传弟子，而其人其学则更见其为全国性，断无乡土性。

乾嘉经学诸儒，分吴皖两派。然吴派不限于吴，皖派不限于皖。尤其如皖派之戴震，北上至京师，终老不归。吴派又分有常州派，诸儒踪迹，更遍国内。而皖派亦分有扬州派，如阮元，仕宦所历更广。湘乡曾氏，上承桐城，倡为古文，称湘乡派。其四大弟子张、吴、黎、薛，亦见为全国性，非地域性。道咸以下，如广东陈澧，以一举人北上京师应进士试，三年一次，凡八次二十四年，南北跋涉。晚年讲学于粤，其人则显属全国性，非以粤为限。而浙人朱一新，晚年讲学于粤，亦不以浙为限。粤学有康有为，浙学有章炳麟，皆足迹遍海内外。有为旅死在外，炳麟终老于吴，此两人或粤或浙，皆不限于粤浙。

康有为弟子梁启超，亦粤人，足迹亦遍海内外，老死北平，未归其故里。同时有王国维，浙人，足迹亦遍海内外，亦死于北平，未归其故里。凡此皆不失中国士之旧传统。专就其远游在外老死不归故里之一节言，其人皆全国性，即古人所谓天下士。不仅读万卷书，亦必行万里路。则其为学必属通学，即人本位之学，而非分门别类如西方专家之学，亦其宜矣。

今国人则谓农业社会安土重迁，老死故乡。必进入工商社会后，其人乃脱离农村，进入都市，其社会始有活动性。不知中国传统于农村社会工商社会外，乃有士社会。而士社会之活动性，则自古已然。孔子以下历代士人，其生平行踪见于史籍，及其本人之诗文集中者，明证可稽，断非农村性，但亦非工商性。可谓之乃人文性，天下性。中国人之所谓道，即据自古以来中国士之行踪而可见矣。

今国人崇慕西化，每好以中国与西方相拟，如以孔子比希腊之苏格拉底。不论其为学，专论其为人。不论其为人之种种方面，而专论其一生之行踪。孔子周游天下，苏格拉底则为一雅典人，其足迹或未出雅典一步。则此两人见闻之广狭，心胸之宽窄，宜亦即此可推。如柏拉图，或足迹亦囿于雅典。而中国先秦诸子，则极少终其身只拘于一乡一里、一城一市之内者。惟道家如庄周，或不喜远行，然其宾朋往来如惠施，则终为一天下士。中国先秦时期，即此一节已显与西方古希腊相异。故中国得成其为一中国，而希腊则终为一希腊。此亦论中西文化一至堪注目亦极易相比之一节也。

罗马人仗其军力征服外围，而建立一地兼欧亚非三洲之大帝国。然罗马是否有大批学人活动于其帝国疆域之内，则其事难考，其人亦终必甚少。此则与中国之秦汉一统又大异其趣矣。中古封建时期，则更不闻贵族堡垒之内，有所谓知识分子学术专家，惟有骑士武士，则岂能与中国之士相比。不仅不能比之于秦汉，亦不能比之魏晋南北朝时代门第之士。今人亦称中国为封建社会，试专就士之一端言，其视西方封建，诚亦如天壤之别矣。

西方继封建社会后，有意大利半岛沿海诸城市之文艺复兴。然亦限于各城市，最多如希腊之雅典，岂能与战国之临淄相比。要之，一为地域性，而一为天下性。相提并论，岂不确然易知。

西方现代国家之兴起，则如中国封建时代之有齐、鲁、晋、楚诸邦。然在中国有其统一性，而在西方则仍只是地域性。即以学人论，英国法国亦互有界限。其他各地均然。今国人又好以宋代之朱熹比之西方康德。不论其为学，不论其为人，专论其生平行踪之一端，康德限于一城市一学校，果使朱子亦如康德，固定一乡一地，终生讲学，则其所学所讲自宜与朱子当年之所学所讲大不同，亦断可知矣。

今专就英国论，日光所照，莫不有英国之国旗。即如香港，为英帝国领土已达百年之久。有一香港大学，其教授主要亦来自英伦。退休年龄则较英伦本土为早，便于返英国本土后，尚可有活动。未闻一英国教授终老在港，不返其国者。而其家人子女，亦均不留港。如此则英国文化又何能在香港生根。

余在香港曾交一英国友人林仰山，其父为一传教士，来中国，林仰山生于中国。逮其长，遣返英伦受学。大学毕业后，仍来中国，侍其父母，为山东济南齐鲁大学教授。日本东侵，林仰山受拘下狱。幽囚中，读书消遣。余所著《先秦诸子系年》，即为其狱中所读书之一部。余与初识于香港，时林仰山在港大任中文系主任，得港大同人之重视。实则中国为其生长地，英伦为其游学地，彼非不欲在香港终老，而限于英国之制度法令，港大退休，仍返英伦。

学人如此，即负责行政人员，亦莫不如此。余之初至，港督为葛量洪，久于其任，极得港人爱戴。但退休后亦必离港。不仅行政人员，即军人来港，任满亦必离去。余夫妇游英伦，某次在火车中，偶晤得一退老军人，曾驻港多年，极爱港岛风景之美，人情之厚。谓能在港终老，岂不毕生一佳事。今则徒付梦寐中。偶遇余夫妇，慨叹申诉，如晤故乡人。故英国人统治香港百年之久，乃无一英国人成家成业传子传孙留居香港者。

孔子欲居九夷，其门人疑九夷陋。孔子曰："君子居之，何陋之有。"陋即限于地域，固定不化之义。英国人果以其传统文化自傲，视香港中国人为夷狄，倘有英国君子来居香港，则庶使香港中国人亦化而为英国人。中国古人言："夷狄而中国则中国之"，则香港而英国，亦英国之可矣。而英国人不此之图。余游新加坡、马来西亚各地，亦无一英国家庭之留居传子孙于此者。即在印度，更为英国在亚洲一至为重要之殖民地，然亦极少英国人留居。英国有名学者如穆勒父子，亦曾来印度，终亦归老英国。由此乃使英国文化终不能在印度生根，并在其世界各处之殖民地生根。

惟英国人大量移殖北美洲则不然。其先以宗教龃龉去，故移殖后即不复返故土。又北美土著稀落，易于屠杀，使之灭绝，可以自建新乡土，与其来印度香港及南洋诸地情势大异。自北美十三州创建新国，英自英，美自美，美国人亦可返英留学，但不再在英留居。英国人偶亦有赴美任教，倘不改隶美籍，则仍归老于英。惟双方商业可以紧密往来，而双方知识界则显分畛域，不易和合。爱因斯坦在美定居，则因其为犹太人，与欧人自别。其在加拿大及澳洲，情势亦同。故西方社会之流动性，主要在其工商业。而中国之士人，其流动性乃远超于西方之工商社会。自孔子以下两千五百年，其流动性一脉贯注，递进递盛，此一情势，史迹昭彰，乃为近人所忽略。

此在中西双方之语言文字间，亦有大关系。中国文字乃全国性，亦可谓乃天下性。诗古三百首，有风有雅。风则有十五国，若稍带有地域性。雅有大小雅，则西周中央政府所在地，为全国性，天下性，故称为雅。春秋末世，鲁有《鲁语》，齐有《齐语》，而子所雅言，诗书执礼皆雅言也。先秦诸子著书皆雅言。至《中庸》，乃称书同文。各地语言，皆隶属于文字而有其统一性。秦汉以下，两千年递传不变。西方如希腊罗马，语言文字皆属地域性，有俗无雅。中古以下，拉丁文仅行于宗教界，而新教则改采各地域之俗文俗语。现代国家兴起，语言文字益相分离，遂使西方文化益趋于地域性。

近代国人崇慕西化，喜言通俗，恶称大雅。惟求分裂，不务和合。各地设立大学，亦务求地域化。如武汉大学、浙江大学、四川大学，其校长必限于当地人物。云南大学亦然。余抗战时去昆明，曾告云南人，倘云南大学能选全国各地有名学人来任校长，而云南学人亦得遍任全国各地之大学校长，此于云南人权利孰得孰失，不难分辨。今必争云南人为云南大学之校长，而使云南人不能出任其他省份之校长，何为必求以地域性自限。其他行政人员亦然。云南省长必由云南人任之。以前则全国各地有名人物皆得来任云南省长，而云南人亦得出任全国各省之省长，今皆失之，转以自得，又何为哉。又云南人必以其祖先为南京人自豪，自今以后，云南人以地域自封，宜再无此情况矣。

今再就西方人之文化一词论，英国人乃以轮船火车及如纺织机等，流传各地，称为文化。德国人谓文化，则涵有土生土长一义。然皆指物质文明言。惟中国人言“人文化成”，始指人文社会言。故中国人治历史必兼通人文地理，而西方人则主要在治自然地理。数十年前，中国学校常设有史地课程。今则亦效西方，地理课程改隶理学院，不列文学院。而治史者，不究人文地理，则中国史亦西方化，将茫然不知此广土众民大一统之民族国家之所由来矣。

马克思创为唯物史观，分西方社会为农奴社会、封建社会、资本主义社会与共产社会四阶层。而谓共产社会当是世界性，则其前西方社会皆属地域性，非世界性可知。马氏之说根据西方历史，不能谓之无证。而西方之各项学术，则惟自然科学可谓最具世界性，不限于地域性。但自然科学亦显属唯物。故在马克思以前西方人早有石器时代、铁器时代，乃至电器时代等分别，亦同是一种唯物史观。惟中国乃有士社会，为农工商社会之高层领导中心。而士尚志，不食人，而食于人。不务物质生产，亦不以物质生产之业为教。中国亦有科学，但亦较少唯物性，又在各项学术中不居领导地位。中国学术之最具领导性，而为中国士人之所教，乃超于物质生产之上，以大群相处相安之道为主。如何立志，如何行道，而又流行活动于全社会之上层。故中国社会绝非如西方中古之封建，亦不能产生资本主义。中国之士又多出身农村，故中国亦绝不曾有农奴社会，而中国之士并亦绝不限于地域性职业性，而早具有广大共通之人文性与世界性。中国人对历史亦绝无唯物史观念之产生。中国社会独有士之一阶层，超于农工商之上，正名定义，当称为四民社会，而为并世古今其他民族所未有。

然中国亦绝非一共产社会，农工商皆有产，士独无产，惟受供养。而社会乃富通财性，家族通财，乡里通财，孝友姻睦任恤，老吾老以及人之老，幼吾幼以及人之幼，老有所养，幻有所长，不患寡而患不均，乃主以通财为均，而并不废私财。惟其通财，乃有两汉以下之门第。唐末门第尽废，宋以后遂有社仓义庄。移民远赴国外，则有会馆，皆有通财之谊，而亦皆非政府法令之所规定，全由社会自动成立。政府止于轻徭薄赋，少收租税。其通其均，则社会之责，而为士者教导之。

元明以下，社会有帮会，乃一种劳工组织，而亦具通财性。并通行全国，亦不限于地域性。及晚清之末，上海为五口通商一最大商埠，劳工群集，成为帮会中心。孙中山提倡革命，极重视帮会，其得帮会之力亦甚大。即海外侨民，如在美国，如在南洋各地，其对革命运动之扶翼，随处有之。虽非帮会，而性质亦相近似。

元明以下遇社会动乱又有团练，其实亦如帮会。团练虽有地域性，亦可不限于地域。如湖南湘乡团练，即弭平洪杨之乱，此事尽人皆知。果推溯而上，山林江湖之侠义，自古有之。中国社会特性大可于此求之。而中国古人每兼称儒侠，“儒以文乱法，侠以武犯禁”，此即以社会下层上撼政治，又多具全国性与通财性。即从中国古代社会之有侠，与后世之有江湖帮会，细为阐扬其性质与意义，则士阶层之在中国文化传统下，其在社会之活动性与流行性，亦可思得其半矣。

近代国人震于西化，凡所蕲向，一如邯郸之学步。而于自己国家民族社会传统历史传统，不再细心研寻。无本之木，无源之水，苟有成就，亦必非驴非马，丧失了自己，学不像他人。倘果学像，则中国应可分数十小国，成立数十政府。割裂相争，庶得近似。否则惟当求美化，不能求欧化。而此后美国犹太人黑人与欧洲白人成为鼎足之三，中国又急切难有此希望。但国人又好以中山先生民族民权民生之三民主义，改为林肯之民有民治民享，人心如此，亦诚一无可奈何之事。要之，中国是中国，西方是西方，历史路线本属分歧。不知此下国人究当如何努力，以期彻底西化之完成，则惟有企而待之，急切间恐无可意想耳。

# 略论朱子学之主要精神

中国学术有一特征，亦可谓是中国文化之特征，即贵求与人同，不贵与人异。请从孔子说起。孔子自言其为学曰："述而不作，信而好古。"人之为学，能于所学有信有好，称述我之所得于前人以为学，不以自我创作求异前人为学。故孔子曰："甚矣，我衰也，久矣不复梦见周公。"则孔子之学，所日夜追求梦寐以之者，为周公。孟子亦曰："乃吾所愿，则学孔子。"周公孔孟一线相承，遂成中国之儒学。

孟子又言，舜"与人为善"，"善与人同"，"乐取于人以为善"。中国人认为，能与人同即是善，大同即是至善。为学即是学为人，而为人大道则在人与人之相同处，不在人与人之相异处。

其实不仅儒家如此，即墨家亦然。墨主兼爱，视人之父若其父。称天志，尚同。又曰："非大禹之道不足以为墨。"墨子在古人中举出一禹，正如孔子在古人中举出一周公。墨子正亦如孔子之述而不作，信而好古。

继儒墨而起者，有道家。其持论则更求同不求异。老子曰："同谓之玄，玄之又玄，众妙之门。"故在古人中特举一黄帝。其人愈古，则愈不见其与人之相异处。则道家亦同是述而不作，信而好古。此下儒道两家，即成为中国传统文化中学术思想之两大主流。所以说中国之学术特征，即其文化特征。

汉儒表彰五经，罢黜百家，独尊周孔。但到魏晋，道家复起，乃有孔子老子将毋同之说，成为一时名言。佛教东来，与儒道鼎足成三，孔子老子释迦遂同为中国人所崇奉。

宋代理学家起，辨异端，一尊儒，然仍是述而不作，信而好古，与前无异。惟其述而不作，信而好古，故不贵自创论，自立说，而著书非所重。孔子作《春秋》，乃是一部史书，则仍是述而不作，信而好古。《论语》则孔子平日之言论行事，由其门人弟子写录流行，直到其三传四传以下之后学手中，乃汇编成书。当距孔子之卒百年以上矣。墨子亦未自著书，亦由其门人后学传述其说而成书。

《孟子》七篇，固由孟子亲身与其弟子如万章、公孙丑之徒，编撰成书。其体裁亦大致与《论语》相似，亦只记孟子平日言行，与特地著书，有系统，有组织，自辟一番创论，自表一番特见者仍不同。只有庄老，因其隐退，不似儒墨广集门人弟子，相聚讲学，乃由其私人闲居自撰成书。如《庄子》之内篇七篇，《老子》上下篇，乃特创了由学者自己编撰成书之一例。惟《庄子》多寓言，避世立说。《老子》书名则托之庄周书中之老子，亦寓言，并不详著者之姓名。此下复有会通儒道，写成专篇，如《中庸》《易大传》，则更不知出于何时何人之手。又如《小戴礼记》，所收《大学》《乐记》《礼运》诸篇，作者姓名皆不详，时代亦无考。要之，皆尽在庄老成书之后。则中国学人实皆为述而不作，信而好古，并无私人自创作，自表现，自成名之心理存在。即此下之道家，亦不重私人一己之著书立说，观其此下之发展而可知。

中国学人极少由其私人一己来著书立说之事。有之，则除史书外，如屈原之作《离骚》，乃为后世文学集部之祖。其他因事成篇，如西汉初年贾谊之《陈政事疏》，董仲舒之《天人对策》等，皆与私人一己著书立说有不同。惟董仲舒于实际政治上无发展，乃写有《春秋繁露》。扬子云在新莽受禅时，下帘寂寂，著有《法言》《太玄》等书。然《春秋繁露》乃阐发《春秋》义，《太玄》《法言》乃模仿《易》与《论语》，皆明表师承，与自创作自立说仍不同。下至隋代，王通写有《文中子》一书。然其书乃由后人编纂，书名亦后人所定。其书主要内容，仍在勒定一传统，依然是述而不作，信而好古。非自创作自立说，则较董扬为更显。此三人皆儒家中之杰出人，其著书立说犹如是，其他则更可类推不详论。

除史学文学外，更要者则为注释古经典，为汉儒最崇高之事业。郑玄网罗百家，括囊大典，集两汉经注之大成。此下如王弼注《周易》，注《老子》，何晏注《论语》，郭象注《庄子》，甚至如曹操一世豪雄，亦注《孙子兵法》。佛教东来，中国高僧翻译印度经典外，更重注释。唐代《五经正义》注外有疏，即承释氏来。如天台，如华严，中国人在佛教中自创宗派，亦遵守一部经发挥，不尚自著书自立说。禅宗则惟有语录。其实《论语》非即孔子之语录乎。

宋代理学家起，惟周濂溪张横渠有著书。实则濂溪《易通书》即为说《易》。横渠《正蒙》，其书名亦本于《易》，仅以正童蒙，非前无古人，自创新说也。二程则不著书，伊川毕生最大著作为《易注》，亦非自著书。朱子继周张二程，集宋代理学之大成。其最大著作，为《论》《孟》集注《学》《庸》章句之四书。其次为《近思录》，仅分类纂集周张二程四家语。又于濂溪《太极图说》及横渠《西铭》特有注。除注《诗》注《易》外，于史学，亦只本司马光《资治通鉴》作《纲目》。于文学，则注《离骚》，又为韩文考异。甚至又注参同契。古今学人著作，论其浩富，朱子当首屈一指。但无一书自抒其创见。其门人编集语录，则有一百三十卷之多。自所为诗文集亦逾百卷，则皆因时因地因事因人而随感随应，自然流露，与精心结撰有系统有组织刻意著成一书，以表现其自我一己之独得与创见者，大不同。是则，即就朱子一人，可证中国学术史一特征，贵能上同古人，不贵能自创新说矣。

然所谓上同古人者，乃以己上同，非除古人外无己。孔子倡为己之学，而最恶乡愿。生斯世，为斯世也善，乃不知有己。就空间就时间论，天地生人惟己为独一无二。各有一己，而己与己不相同。孔子之不能上同于周公，孔子已自言之，曰："如有用我者，我其为东周乎"，是也。《论语》所记岂不多是孔子之言？惟孔子则谓，我上承周公，一切意皆传述周公之意而已。孟子学孔子，何尝不自有一己。子贡谓夫子之言性与天道不可得而闻，而孟子倡为性善论，显非孔子语。然孟子不自谓此乃我自创语，谓我之所异于孔子者在此。此则孟子之所以为孟子也。孟子又曰："圣人先得我心之同然。"则我之所学于前古圣人者，乃学此同然之心耳。本此心以立言，则所言自亦与古圣同。其不求异可知。

《易传》《中庸》言性，亦言天道。然皆兼采道家言。但《易传》《中庸》之作，则一承孔子。不谓此乃我之新创，不谓乃我会通儒道两家而自创新说。并其著书人之姓名亦隐而不彰。彼亦自谓此乃古人意非我意，而实有其一己之意之作为会通和合，则固无疑。

周张二程四人之为学，亦各有其一己，亦互有其相异。而朱子会通和合之，以成宋元明三代理学一大传统，与先秦孔孟以来之儒学会通和合，以成儒学之新传统。今欲研讨朱子学，其最大难题，乃见朱子仅若网罗旧说，称述前古，而其自己则若不见有新创特见，可以自异于前人，而确认其为朱子一人之学。实则若果有之，自中国人观念言，则亦朱子一人之学而已，又何足贵。

司马迁著为《史记》，乃上承孔子之《春秋》，非自我作古也。然曰："明天人之际，通古今之变，成一家之言。"明之通之岂不在己。中国称门人受业为弟子，此如一家人。子子孙孙相承为一家，学问亦当有传统，故谓之一家言。中国全部二十五史必推司马迁为鼻祖，斯亦诚如一家言矣。岂一己独创，前无承，后无继，一人之学，何得谓之家。且如其父司马谈为《六家要旨》，其子迁则尊孔子，列为世家，则迁之意显异于其父，而迁不以为讳，亦不特自表白。后人亦不于此等处持论立说，惟治史学，则大体必求上同司马迁，如是而已。

今人治朱子学，每喜分别其与前人之相异处。实则朱子亦岂不知前人有相异，如二程有四大弟子，杨龟山仅占其一，李延平则得龟山之传。朱子乃亲受业于延平之门，其对延平可谓备致尊仰，然而朱子之发明二程，又岂限于龟山延平之一脉。又如后人每以程朱连言，尤多以伊川与朱子连言。朱子之推尊伊川，亦固甚至。伊川《易传》，朱子引其说入《近思录》者何限，然朱子自为《易本义》一书，定《周易》本为古人一卜筮书，此则与伊川意见岂不大异。而朱子则并不在此一节上显作分别。即就《语》《孟》集注言，所注之异于二程者又何限，惟朱子为学精神重在会通和合，寻求古人之共同处，不在独抒己见，表明其个人之特异处。今果专向此方面探索，则不免有失朱子为学精神之主要所在矣。

或问如上所言，理学家又何必主辨异端。盖求同必有辨异，辨异亦以求同。而二者之间，则终以求同为要，辨异为次。先秦如墨，如荀，辨异过于求同，皆不为后世所重。吕览、淮南，集宾客为书，而主会通和合，其见重乃转有胜于墨、荀。而如《易传》《中庸》，亦已会通儒道为言。濂溪横渠著书，多据《易》《庸》。即二程，亦多会通儒道。至如释氏禅宗，理学家采及其意者亦不少。朱子亦明白提及华严。今人乃据此等处疑理学家亦多出入释老，不知此正理学家长处，非理学家短处。会通和合，以求共同之一是，始是理学家所用心也。

象山反朱子，而朱子则曰，象山多用力在“尊德性”，己则多用力在“道问学”。因戒其门人，当采他人长，以补自己短。勿轻相争。然象山之死，朱子终说死了一个告子。则朱子虽不同意于象山，而必求勿失其所长。其于释老亦类此。及明代阳明起，从陆反朱，作为朱子晚年定论，亦谓朱子卒从同于象山。此亦可谓中国学人尚同不尚异之一证。

而朱子学之最易受后人之怀疑与争论者，则为其《大学格物补传》之一章。朱子以己意来补古经传之缺，此则大违中国学术传统述而不作之大义。虽朱子自谓乃取程子之意以为之，然又何得径取程子意以补代古人意。朱子此处所指之程子乃伊川，非明道。故后人反朱子必反伊川。《易传》《中庸》虽明白多采道家义，但言必称孔子，则不易起后人之争。故清儒之主汉学反宋学，则必以考据与义理并称。朱子之《大学格物补传》，仅得谓义理当如此，而考据则无凭，即不易为后人接受。此亦中国学术之传统性如此。故可谓中国一学者，其所学，实乃为一部中国学术史。而不贵于学术史外自创一套新学术。亦可谓此一部学术史，乃创始于孔子。而整理此一部学术史，最有成绩者，则为朱子。此即余之所谓尚同不尚异。此亦如耶教不得在耶稣外自创新说也。

清初顾亭林黄梨洲王船山三人，其学皆承宋明理学来。亭林力斥阳明，不稍假借。梨洲则终于阳明有偏袒。船山晚年又一主横渠，而于程朱有微辨。然此三人皆意在求同，不在求异。又必上同于古人，不求异其一己，则无以异也。

窃谓中国之有孔子，犹如西方之有耶稣。朱子则如耶教中之马丁路德。其于儒学中之最大贡献，则为编有《论》《孟》集注与《学》《庸》章句之四书，以上驾于汉唐相传之五经之上。而唐代之《五经正义》，递传至宋以后，乃成为《十三经注疏》。愈会通，愈和合，以愈见其共同之一是。此乃中国之学术特征，亦即中国之文化特征。

乾嘉时代之清儒，提倡汉学，则如耶教中之天主教，力反马丁路德之新教。而在中国，则新教终盛于旧教。如同光以下，曾国藩为圣哲画像记一文，陈澧为《东塾读书记》一书，其论学亦皆尚同不尚异，皆述而不作，信而好古，决不高抬一己，以求杰出于前人。则可谓千古一致之最相同处，无他异也。此二人之为学，皆义理更重于训诂考据，而宋代理学精神亦更胜于汉代经学精神。要之，朱子之风则更甚于其他之诸儒。此风迄清末而犹然。

但孔子在中国绝非一宗教主，其所信、所好、所述皆在古，同属人类，而非高出人类之上帝。故亦不高抬一己，以出于前人之上。中国学术如是，文化亦如是，而孔子之在中国，其地位乃若有更超于耶稣以上者。今日吾人果能从此一点上来研究朱子之学，则庶最能获得其主要精神之所在耳。

# 中国文化演进之三大阶程及其未来之演进

中国文化演进已历五千年之久，为并世其他民族所莫及。论其演进，可分三大阶程。

人生必有群，群中又必可分多数与少数。此多数少数，皆属重要。惟贵能密切相关，融成一体。此讲中国文化演进三阶程，即就此着眼，加以讨论。

中国为一氏族社会，氏族即成为群。在此群中，可分两大统。姓从女，乃血统。氏从男，以职业分，政治更其大者，是为政统。

远古不论。姑从唐、虞始。唐为氏，乃世业陶。尧为帝，乃为陶唐氏之代表。在尧之政府中，尚有其他氏族参加，于是尧之政府，遂为当时中国社会其他氏族一共同之代表。

虞亦一氏，应是掌管山泽禽兽。而此一氏族中出一舜，一时拥有大名。适遇洪水为灾，尧无法治理，乃重用舜。治水有效，而水灾尚未息，尧既老，乃不传位于子而传于舜。然尧子丹朱，虽不肖，必尚得保留一职位。

舜既为帝，乃封其弟象于有庳，可见舜亦代表一氏族。此一氏族，乃由舜而地位加高。但舜之为帝，由尧让之，而治水大功，实出于禹。舜之老，乃亦禅帝位于禹。而舜子商均，当亦保有一职位。是则尧舜禅让，虽为中国后世尊崇，认为政治上无可比拟之大德，实亦由当时氏族政权之情势中演出，非有人先标举出一禅让美德，而尧舜乃遵循之。换言之，此亦当时一自然形态而已。

禹继其父鲧治水，当又系另一氏族，掌理水事者。禹既完成此治水之大业，虽效法尧舜让位于益，而当时中国民众则群心拥戴禹子启，不拥戴益，此下遂又成为帝位世袭。此非中国人特意要一帝王世袭之政府，亦中国当时社会一自然现象所形成。

又如周民族奉后稷为始祖，但《大雅·生民》之诗，后稷有母姜嫄。又后稷之生，其时已有部落存在。特以后稷教民稼穑，而周人奉以为始祖。此犹如姜氏族之奉神农为始祖。亦如唐虞两氏族之奉尧舜为始祖。禹亦有父鲧，而夏氏族则奉禹为始祖。商氏族则奉契为始祖，但契亦必有父有祖可知。是则中国之氏族社会，虽重血统，但必重其血统中之贤者，是为道统。惟其重道统，不害于其重血统。血统属于天，道统属于人，此即中国后人所谓之通天人，亦所谓明天人之际矣。

夏商周三代，皆属中国古代之封建政治。而西周封建，则更形特出。不仅分封姬姓，及其外家姜姓，又封殷之后裔，使其传统不绝。更又兴灭国，继绝世，把历史上所有诸氏族，只要其曾生贤圣曾有建树，对历史有贡献者，遍加封建。此等诸侯，则可以代表全中国社会各氏族，使政统与血统，更为密切相关，乃得称之为道统。

其实尧舜禅让，汤武征诛，以及帝王世袭，皆在此一道统中。而西周封建，其事成于周公，乃更完成此道统之大。故中国人必称圣君贤相，周公则尤是历代贤相中之极特出者。君相在政统中，岂非群中之少数。氏族则群中之多数。中国封建政治由氏族社会来，乃能使中国社会中少数全由多数出，而又密切相关，融成一体，由血统中创出政统，又由政统中完成道统，而使中国成为一封建一统之国家。此可谓是中国文化进展之第一阶程。

今再综合言之。中国社会乃一氏族社会，而中国历史则为一人物历史。子贡有言："桀纣之恶，不如是之甚也，众恶皆归之。是以君子恶居下流。"恶有共同性。下流亦即社会之多数。善则有特殊性。圣君贤相，则必各有其独特处。如尧舜之禅让，汤武之征诛，舜之孝，禹之治水三过其门而不入，文王之三分天下有其二以服事殷，周公之大义灭亲，诛管蔡，以永奠父兄之业。上之如伏羲氏、神农氏，更上有巢氏、燧人氏，每一时代即以一人物作代表，每一人物即以一特殊之德性与其功业之成就为代表。下流多数，不足以代表历史。而上流少数，则必有其独特相异之德业。而此上流少数，则必出于下流多数，以为之代表。乃以代表一历史阶段。此又为中国历史文化传统一大特点。

西周东迁，为春秋时代，而往古政治一统之大业，则几于崩溃。其时则有孔子出。孔子当时所想慕者，乃为周公。故曰：“甚矣吾衰也，我久矣不复梦见周公。”又曰：“如有用我者，我其为东周乎。”换言之，孔子心中乃不敢为一圣君，仅求为一贤相。然终不得志，其道不行，仅开门授徒，成为一家言。此下诸子百家继起，其实皆遵孔子，多志为相，不志为君。迄汉代，而儒家定为一尊。汉武帝表彰五经，罢黜百家，周公孔子并尊，孔子《春秋》亦列为五经之一。帝王治道，则必本诸经。其时则经学即为道统，其价值地位显然已超出政统之上。唐虞三代，乃由政统中产生出道统。自汉以下，则政统必尊奉道统。以前是圣君用贤相，此下则为君者必知尊贤相，乃得为圣君。君位仍是世袭，仍从血统来，但在政统中已不占惟一之重要地位。而相位则选自群臣，臣位则从郡国选举贤良，再由五经博士授业讲学中来。则当时政统已大部分出自学统，即道统，乃为政统中之更重要者。此又中国历史一大变。可谓是中国文化进展之第二阶程。

中国自封建政治一转而为郡县政治，即血统不在政统中占重要地位之一证。而秦始皇帝不悟此义，乃谓政统中之帝王世袭此一仅存血统，乃可永继不绝二世三世以至于无穷世。汉儒明言自古无不亡之国，此即谓君位血统不常，与其招汤武之征诛，不如遵尧舜之禅让，于是遂有王莽之新朝出现。光武中兴，虽仍是刘氏之血统，而一朝君相大臣，则多出自王莽新朝之太学生。学统之更超于血统，此亦一证。

但政府虽已变为一道统与学统之政府，而社会则仍为一氏族社会，重血统。两汉士人进入政府，得一官位，必退而敬宗恤族，使一宗一族人尽得沾溉。此则政治上层少数，仍与社会下层多数有其紧密相系处。而自古代农工氏族外，又得学业氏族，即士族之创兴。亦不得不谓非中国社会一进步。

东汉自光武、明、章以下，政治渐衰于上，而士族则盛兴于下。降至魏晋，中国乃成为士族之天下。南朝如此，北朝亦然。自士族社会进而为士族政治。使社会多数进入政治少数之机会又益增。就中国文化大传统言，则仍不得不谓之一进步。

唐代再臻统一，而较之两汉，则又有进步。唐太宗随其父高祖在军中，其幕下即有十八学士，较之东汉光武中兴已过之。西汉开国，乃一平民集团，士人极占少数，更远不能与初唐相比。

其次则相之一位，唐代分中书、门下、尚书三省。中书出命令，门下掌封驳，君权已由相权代之，而相权分掌于多人。此亦显较汉代为进步。

尤其是唐代之科举制度，社会学人可得自由应考，进士地位远较两汉大学生为受人重视。此皆学统在政统中更得较高地位，社会多数又多得自由参加政府上层少数之机会而紧相联系。然论学术大统，则唐代之《五经正义》依然承袭两汉。而科举取士，则重诗赋。《文选》烂，秀才半。《文选》熟，秀才足。唐代社会乃为一诗家的社会。诗之为用，抒私人之情怀，发私人之哀怨，则有余。阐扬圣君贤相周公孔子之治平大道，则不足。两汉以下，老子之道已与孔子并盛。而唐代以同姓李之血统观念，亦并尊老子。佛法东来，唐代帝王亦多崇信。于是儒、道、释三教，已如鼎足之分峙。而周孔之尊，则唐不如汉，实有转趋颓势之现象。

于是有韩愈出而提倡古文，其言曰："好古之文，乃好古之道也。"著为《原道》篇，又为《师说》。其时惟僧侣始称师，而韩愈则以为师传道自任。其言曰："并世无孔子，不当在弟子之列。"又以排释老自比于孟子之拒杨墨。于是孔子之为师，乃更胜于其为相为臣，而渐脱离于周公。孟子则追随孔子。周孔同尊遂渐转为孔孟同尊。韩愈又为《伯夷颂》，则所重在野更过于在朝，为师更重于为君。宋人称其文起八代之衰，实则其所倡导，则已逾两汉而上之矣。惟愈所倡导，其传继世即绝。下迄晚唐五代，学绝道丧，而中国乃陷于黑暗中。

宋与汉唐又不同。宋太祖乃以一侍卫长受军人拥戴，而黄袍加身。然其相赵普则曰以半部《论语》得天下，又将以半部《论语》治天下。宋代诸帝王，重士有过于汉唐，而《论语》一书之尊显，亦汉唐两代所无。胡安定苏湖讲学，朝廷取以为法，又聘安定主其教。欧阳修提倡韩愈古文，而王安石则曰愿学孟子，惟仍尊经，欲创为新经学。司马光则继《春秋左氏传》为《资治通鉴》，从史学通治道。则孔子地位自在汉唐诸君之上矣。

以王安石司马光之为相言，其地位亦远在其君之上。汉唐惟为君者信用其相，至是则不啻为君者乃尊师其相。王安石为经筵讲官，主坐讲，君则立而听。则相位之更重于君位，而师道之更尊于君道，其事皆从宋代起。社会下层有转超于政治上层者，则宋代之较汉唐，其在中国文化展演之阶程上，不得不谓其又进了一步。

但新旧党争，终使北宋陷于衰亡而不救。其时乃有周张二程理学家之兴起。盖道统既尊于政统，师道既高乎治道，则在朝不如在野。为士者既以师道自任，则在己之修养讲论，乃更重于出仕以从政。此乃宋代理学家之所异于汉唐儒，《宋史》特立《道学传》以别于《儒林传》，亦非无理。

南宋朱子承二程之意，定《论》《孟》《学》《庸》为四书，为之作集注与章句，而四书乃凌驾于五经之上。治学者必先四书，乃及五经，于是孔孟新传统乃继周孔旧传统而代兴。在野之师道，乃始正式凌驾于在上之君道。此当可谓中国传统文化演进之第三阶程。实可谓其乃由多数展演进向少数之又一进步。

然而周张二程既无救于北宋之衰亡，朱子象山亦无救于南宋之衰亡。元代乃以蒙古异族入主中国，在上之政统血统又大变。惟政治乱于上，而在下社会之道统则仍安定而无变。黄东发王深宁吴草庐皆以南宋大儒进入元代，而在野讲学，为一世之师。其出仕在朝者，刘静修盘桓不求进，尚受后人推崇。许鲁斋稍得意，乃受后人之鄙视。但鲁斋之在野，与众坐一果树下，有果无主心有主之语，则其人非无修养。元代亦定科举制，先四书，后五经，明清两代一遵无变，亦不得谓鲁斋无贡献。刘因谓由己而道尊，许衡则谓由己而道行。然元代诸儒则终多不应举。而书院讲学遍于全国，地方官到任必先赴书院听讲。此又道统尊于治统之一明确表示。专以此一端论，则元代亦已远胜于秦代之焚书，严禁在下之以古非今，以政统高驾道统而上之之所为矣。

然而中国人则终不忘其血统观，于是朱元璋乃以一小沙弥崛起，此非民族大义乎。但其招揽诸儒，则终亦不免君尊臣卑，以道统供政统之用。刘基得聘书，同时赐以剑，使任择其一。其他诸儒之受聘，亦多经逼迫。施耐庵为《水浒传》，在林冲武松诸人忠义堂一百零八好汉中，独于其元首宋江有微辞。而有王进，神龙见首不见尾，独在一百零八好汉之外之上。耐庵即以自喻。当时士人以道统犹当在政统上之共同观念，则由《水浒》一书而可证。然则即谓《水浒传》乃承两宋理学传统而来，亦无不可矣。

明祖废相，成为一君独尊，其事更要不得。而明成祖之为君，则更尤要不得。以灭十族罪方孝孺，其为君自尊，尤更甚于秦始皇帝。此下明代诸君，亦终难与宋相比。盖宋祖之登帝位，来自无意，一若天之将降大任。而明祖则从兵戎战斗中夺来，一若由己艰难占有此宝物，遂以滋其自尊之心。今人则以民族大义与平民为天子来看明太祖，则中国五千年历史惟此一人，犹当在汉祖开国之上。不求其内心，宜有此失。此则可见宋代理学提倡正心术之说，对中国文化之大贡献处之终为不可忽视也。

明代诸儒乃亦一承元代之风，以不出仕为高。吴康斋、胡敬斋隐于田野。陈白沙隐于海滋。王阳明独例外。然亦先遭龙场驿之贬谪，及其平宸濠之乱，而亦几遭不测。终以江西巡抚死于军事途中，未能一日重返京师。故其弟子如王龙谿王心斋，皆决意不仕，讲学在野。乃有李卓吾之徒，又成为儒、释、道三教同流之势。东林一反故辙，主张在野不当忘廊庙，而党祸兴，高忠宪亦投水自尽，而终亦无救于明室之亡。满清入主，重来异族之统治。

晚明遗老，亦率不仕。李二曲居土室，顾亭林则流浪，王船山黄梨洲皆隐晦以老，朱舜水则乘桴海外。政乱于上，学兴于下，较之初元，抑更远胜。

今言政统，则汉唐为盛，宋已衰，惟明代若差堪与汉唐相拟。此外则辽金西夏割据，蒙古满洲入主。宋以下之中国，不如宋以前。然言学统道统，则宋以后尤盛于宋以前。社会下层递有进步，中国依然是一中国，而旺盛繁华递有升进，亦一不可掩之事实也。

顾亭林言："国家兴亡，肉食者谋之。天下兴亡，匹夫有责。"此亦言政统失于上，而道统则不得不保存在下。匹夫若较肉食者为多数，实则此等匹夫，更难得。亭林之意，乃主于大范围多数中养出此更难得之少数。君有君道，臣有臣道，职位既定，其道易知。匹夫在政治上无职无位，而天下兴亡，道大难知。道不行于下，社会无知无道，则一切无可言。此意尤值深切玩味。

清代顺、康、雍，治定于上。乾隆之盛，上比明代之嘉靖、万历。然而在下之学统，则依然一反在上之政统，乃有汉学宋学之辩。宋学乃朝廷科举功令所尚，重朱子之四书。而汉学则重返之两汉五经，而程朱转所轻。论其内情，则依然以在野争在朝，以道统争治统，以孔子之至圣先师争当代之帝王一尊，则依然是有宋理学之遗轨也。

西化东渐，乃有太平天国兴起，以耶稣为天兄，洪秀全为天弟，到处焚烧孔庙。今人亦以民族革命称之。倘其成，当又将下于明代开国万倍。曾国藩乃以在籍侍郎，发动湘乡团练，平其乱，维系中国文化，功在社会。孔庙犹存，道统仍传，此非曾氏之功而何。而今人乃以昧于民族大义责之。使曾国藩而亦从洪秀全，则复有施耐庵为《水浒传》，不知更将何以下笔矣。

下迄清末，康有为起于粤，章太炎起于浙，皆以书院讲学传统，一主今文经学，一主古文经学。要之，皆以社会下层之道统上撼政府上层之治统。而中山先生乃以成其革命之大业，创建民国。此诚中国历史上又一大进步。中山先生之辛亥革命，始可称之为一正式民族革命。既非太平天国可比，亦非明太祖之开国可比。中山先生之以第一任正式大总统让之袁世凯，汤武征诛，继之以尧舜禅让，有宋理学家所提倡，中山先生正其人矣。洪宪称帝，北洋军阀擅权，政复乱于上。中山先生退隐在沪，创撰《三民主义》。虽其书只讨论政治，然首冠以民族主义，此即以道统驾治统之上。又称民有权，政有能，则民权虽在社会下层之多数，而责任则在上层政府之少数。不忘治统少数之重要，亦上承中国文化传统之理想而来。民生乃屈居最末，但非专指衣食物质生活言，乃指社会多数之人生言。而民族一义，则兼涵古人，属更大多数。而能明得此民族之传统大义，则少数中之尤少数，为最难者。故中山先生之三民主义，就其先后，而可明其高下缓急之所在矣。

中山先生又于五权宪法中加入监察考试两权，考试权乃中国传统政治最高机能所在，使社会多数与政府少数紧密相通。政之能，即出于民之权者，其要在此。故中山先生乃主考试权，当不仅对被选者有限制，并对选举人有限制，此尤不失中国传统重视少数而必出于多数之精义。惟考试内容，则中山先生未作规定，此实汉唐以来中国政统上所讨论一最值注意之最重大一问题。

黄梨洲《明夷待访录》，其《原君》《原臣》诸篇，发挥民主政治之精神所在，其书尚在法国卢骚《民约论》之前。卢骚《民约论》仅本空想，而梨洲则根据中国传统史实。孔子以前，圣君贤相之相传，实即代表治统不离道统，实已是一种民主精神。秦汉以下，君为王室主，相为政府主。君位世袭，由民族观念来。而政府中之相位，实即代表社会之民权。君不必圣，而相则必贤。周公孔子乃汉唐以下民众理想之所寄。梨洲《待访录》深斥明祖废相，为中国政统有失道统意义之最大一关键，乃一针见血之论。梨洲《待访录》

又有《学校》篇，主张学校当为政统中公议之发源地，此一层汉唐以下诸儒所未发，而其论则从东林来。

今再进一层言之。学校为立国百年大计，应在政府上来领导政府，不应在政府下受政府之统制。即两汉太学已有此意。又学校为考试之本，而考试则为政府之本。政府成员来自考试，考试内容则定于理想之学校。汉武帝之表彰五经，罢黜百家，本之董仲舒之贤良对策。而董仲舒之得为贤良，则出于地方之察举。自察举演进为考试，唐代考试乃脱离学校而独立，此实为一大歧点。盖自汉末经魏晋南北朝，教育乃在世家，学统寄之血统。及唐代，考试盛而世家衰，无学校则考试何所本。宋代有胡安定兴书院，王荆公更新考试，此种精神，至朱子之定为四书，元代之更新科举制度，而后教育为考试大本之理想，乃有开始实现之端倪。晚明之东林书院，则为之明白作宣扬。梨洲此番理论，具体落实，有其明白之表现矣。但明代科举以八股取士，顾亭林《日知录》谓，八股之祸，更甚于秦始皇帝之焚书。则考试制度须随时改进，学校制度亦然。此则有贵于大圣大贤之随时用心。晚清变法，依康有为主张，先废科举，而孙中山先生五权宪法中，又特设考试一权。其深识达见，超康氏为远矣。

故政府本原在于考试，而考试本原则在于学校。学校在野，为学统道统之发源。而考试则在上，为选贤用能之根据。中国文化演进之三大阶程，梨洲《待访录》一书，可谓已得其最要宗旨之所在。而其论学校，则可补中山先生三民主义与五权宪法所未及。

今再明白言之。近代民主政治有总统，此即代替了古代之君位。有行政院国务卿，此即代替了古代之相位。民初有英国首相制与美国总统制之争，实则君相一体，治平大道绝非寄于一人，乃当寄于多人。唐代之中书省，如今之立法院。门下省，如今之监察院。尚书省，如今之行政院。合此三院，乃成一相位，而全部政府任务实已由此而定。此最可法。唐代之所缺，则在学校。中山先生又主宪政前先行训政。学校则当为实施训政之重要场所。

由上言之，学校地位之重要可知。政府属于少数，学校则属于多数。由学校培养贤能来组成政府，而政治公论仍当寄存于学校。此非一大可向往之理想乎。

西方文化主分，学校代表智识，政府代表权力，又有教会代表信仰。既无一共同之道统观，而政府治统，亦不能干涉学校与教会。学校教会分别成立。政府民选，乃由民间纳税人开始。恺撒事恺撒管，上帝事耶稣管，政教分离，不相合一。故西方实为一无统之社会。今则或统之于资本财富，或统之于政治权力与法律制裁，如是而已。无是非标准，则尚多数。

中国则必有统，血统本之自然，政统出于人文，而道统则一天人，合内外。由多数中演出少数，又由少数中演出更少数，而其更少数，又必回归于大多数，而为之作代表。若必如西方，必以选举为政治之基本，则孔子出而竞选，未必能胜于阳货。战国诸子出而竞选，亦未必能胜于孟尝、信陵、平原、春申四公子及苏秦张仪之徒。故中国人虽重少数，而少数必宗于道，而此道又必传于教以通于政。故孔子为至圣先师，乃为全中国人两千五百年来所崇仰为不可及。

依中山先生之三民主义，首重民族主义。依中山先生之五权宪法，必尊考试制度。又依中山先生军政、训政、宪政之三阶段，于全国平定后，实行训政，则应重学校。道统终在政统之上，少数必从多数中来。权力非所重，道义乃其本。庶亦合于现代民主政治之大趋势，而不失为中国文化演进之第四阶程矣。

即以中山先生之在广州组成革命政府，然仍赴北平，与段祺瑞张作霖言和，盖亦以政治理想非一蹴可冀，故主政则必崇道，主让不主争。中山先生之北上言和，亦如其让位于袁，言教不如身教，中山先生乃得为现代中国政治界一完人，一表率。行道尤重于主政，即中山先生一生之表现而见矣。岂必以掌握政权乃始得为行道张本。民族文化传统固如是，中山先生之躬行实践亦如是。天生德于予，中山先生其亦无愧矣。中国此下之希望，则终在于中山先生之道，岂不昭然乎。

若必一依西方，专以多数为重，必以选举为民主政治之正规，则亦当分教会与学校于治统之外，政教分离，乃始不致有大病痛。否则政权乃为社会惟一崇奉之对象，政统超乎道统之上，恐中山先生断无此意想。而中国五千年之文化传统，亦将坠地以尽矣。求变求新，从头做起，迎头赶上，五千年文化抟成之此一民族，永将不再存在，即民族血统而失之，其他尚何得言。

## 钱穆作品系列
## （二十四种）

### 《孔子传》

本书综合司马迁以下各家考订所得，重为孔子作传。其最大宗旨，乃在孔子之为人，即其自述所谓“学不厌、教不倦”者，而以寻求孔子毕生为学之日进无疆、与其教育事业之博大深微为主要中心，而政治事业次之。故本书所采材料亦以《论语》为主。

### 《论语新解》

钱穆先生为文史大家，尤对孔子与儒家思想精研甚深甚切。本书乃汇集前人对《论语》的注疏、集解，力求融会贯通、“一以贯之”，再加上自己的理解予以重新阐释，实为阅读和研究《论语》之入门书和必读书。

### 《庄老通辨》

《老子》书之作者及成书年代，为历来中国思想学术界一大“悬案”。本书作者本着孟子所谓“求知其人，而追论其世”之意旨，梳理了道家思想乃至先秦思想史中各家各派之相互影响、传承与辩驳关系，言之成理、证据凿凿地推论出《老子》书应尚在《庄子》后。

### 《庄子纂笺》

本书为作者对古今上百家《庄子》注释的编辑汇要，“斟酌选择调和决夺，得一妥适之正解”，因此，非传统意义上的“集注”或“集释”，而是通过对历代注释的取舍体现了作者对《庄子》在“义理、考据、辞章”方面的理解。

### 《朱子学提纲》

钱穆先生于1969年撰成百万言巨著《朱子新学案》，“因念牵涉太广，篇幅过巨，于70年初夏特撰《提纲》一篇，撮述书中要旨，并推广及于全部中国学术史。上自孔子，下迄清末，二千五百年中之儒学流变，旁及百家众说之杂出，以见朱子学术承先启后之意义价值所在。”本书条理清晰、深入浅出，实为研究和阅读朱子学之入门。

### 《宋代理学三书随劄》

本书为作者对宋代理学三书——元代刘因所编《朱子四书集义精要》、周濂溪《通书》及朱熹、吕东莱编《近思录》——所做的读书劄记，以发挥理学家之共同要义为主，简明扼要地辨析了宋代理学对传统孔孟儒家思想的阐释、继承和发展。

### 《中国思想通俗讲话》

本书意在指出目前中国社会人人习用普遍流行的几许概念与名词——如道理、性命、德行、气运等的内在涵义、流变沿革。及其相互会通之点，并由此上溯全部中国思想史，描述出中国传统思想一大轮廓。

### 《现代中国学术论衡》

本书对近现代中国学术的新门类如宗教、哲学、科学、心理学、史学、考古学、教育学、政治学、社会学、文学、艺术、音乐等作了简要的概评，既从中西比照的角度，指出了“中国重和合会通，西方重分别独立”这一中西学术乃至思想文化之根本区别；又将各现代学术还诸旧传统，指出其本属相通及互有得失处，使见出“中西新旧有其异，亦有其同，仍可会通求之”。

### 《中国学术思想史论丛》

共三编八册，汇集了作者六十年来讨论中国历代学术思想而未收入各专著的单篇散论，为作者1976—79年时自编。上编(1—2册)自上古至先秦，中编(3—4册)自两汉至隋唐五代，下编(5—8册)自两宋迄晚清民国。全书探源溯流，阐幽发微，颇多学术创辟，系统而真切地勾勒了中国几千年学术思想之脉络全景。

### 《黄帝》

华夏文明的创始人：黄帝、尧舜禹汤、文武周公，他们的事迹虽茫昧不明，有关他们的传说却并非神话，其中充满着古人的基本精神。本书即是讲述他们的故事，虽非信史，然中国上古史真相，庶可于此诸故事中一窥究竟。

### 《秦汉史》

本书为作者于1931年所撰写之讲义，上自秦人一统之局，下至王莽之新政，为一尚未完编之断代史。作者秉其一贯高屋建瓴、融会贯通的史学要旨，深入浅出地梳理了秦汉两代的政治、经济、学术和文化，指呈了中国历史上这一辉煌时期的精要所在。

### 《国史新论》

本书作者“旨求通俗，义取综合”，从中国的社会文化演变、传统的政治教育制度等多个侧面，融古今、贯诸端，对中国几千年历史之特质、症结、演变及对当今社会现实的巨大影响，作了高屋建瓴、深入浅出的精彩剖析。

### 《古史地理论丛》

本书汇集考论古代历史地理的二十余篇文章。作者以通儒精神将地名学、史学、政治、经济、人文及民族学融为一体，辨析异地同名的历史现象，探究古代部族迁徙之迹，进而说明中国历史上各地经济、政治、人文演进的古今变迁。

### 《中国历代政治得失》

本书分别就中国汉、唐、宋、明、清五代的政府组织、百官职权、考试监察、财政赋税、兵役义务等种种政治制度作了提要钩玄的概观与比照，叙述因革演变，指陈利害得失，实不失为一部简明的“中国政治制度史”。

### 《中国历史研究法》

本书从通史和文化史的总题及政治史、社会史、经济史、学术史、历史人物、历史地理等六个分题言简意赅地论述了中国历史研究的大意与方法。实为作者此后三十年史学见解之本源所在，亦可视为作者对中国史学大纲要义的简要叙述。

### 《中国史学名著》

本书为一本简明的史学史著作，扼要介绍了从《尚书》到《文史通义》的数部中国史学名著。作者从学科史的角度，提纲挈领地勾勒了中国史学的发生、发展、特征和存在的问题，并从中西史学的比照中见出中国史学乃至中国思想和学术的精神与大义。

### 《中国史学发微》

本书汇集作者有关中国历史、史学和中国文化精神等方面的演讲与杂论，既对中国史学之本体、中国历史之精神，乃至中国文化要义、中国教育思想史等均作了高屋建瓴、体大思精的概论；又融会贯通地对中国史学中的“文与质”、中国历史人物、历史与人生等具体而微的方面作了细致而体贴的发疏。

### 《湖上闲思录》

充满闲思与玄想的哲学小品，分别就人类精神和文化领域诸多或具体或抽象的相对命题，如情与欲、理与气、善与恶等作了灵动、细腻而深刻的分析与阐发，从二元对立的视角思索了人类存在的基本问题。

### 《文化与教育》

本书乃汇集作者关于中国文化与教育诸问题的专论和演讲词而成，作者以其对中国文化精深弘大之体悟，揭示中西传统与路线之差异，指明中国文化现代转向之途径，并以教育实施之弊端及其改革为特别关心所在，寻求民族健康发育之正途。

### 《人生十论》

本书汇集了作者讨论人生问题的三次讲演，一为“人生十论”，一为“人生三步骤”，一为“中国人生哲学”。作者从中国传统文化入手，征诸当今潮流风气，探讨“心”、“我”、“自由”、“命”、“道”等终极问题，而不离人生日常态度，启发读者追溯本民族文化传统的根源，思考中国人在现代社会安身立命的根本。

### 《中国文学论丛》

作者为文史大家，其谈文学，多从文化思想入手，注重高屋建瓴、融会贯通。本书上起诗三百，下及近代新文学，有考订，有批评。会通读之，则见出中国一部文学演进史；而中国文学之特性，及各时代各体各家之高下得失之描述，亦见出作者之会心及评判标准。

### 《新亚遗铎》

1949 年钱穆南下香港创立新亚书院。本书汇集其主政新亚书院之十五年中对学生之讲演及文稿，鼓励青年立志，提倡为学、做人并重，讲述传统文化之精要，阐述大学教育之宗旨，体现其矢志不渝且终身实践的教育思想。

### 《晚学盲言》

本书是作者晚年“目盲不能视人”的情况下，由口诵耳听一字一句修改订定。终迄时已九十二岁高龄。全书分上、中、下三部，一为宇宙天地自然之部，次为政治社会人文之部，三为德性行为修养之部。虽篇各一义，而相贯相承，主旨为讨论中西方文化传统之异同。

### 《八十忆双亲　师友杂忆》

作者八十高龄后对双亲及师友等的回忆文字，情致款款，令人慨叹。读者不仅由此得见钱穆一生的求学、著述与为人，亦能略窥现代学术概貌之一斑。有心的读者更能从此书感受到二十世纪“国家社会家庭风气人物思想学术一切之变”。